国家科学技术学术著作出版基金资助出版

高铁连续梁桥施工智能化监控方法与实践

王　浩　王飞球　主编

中国建筑工业出版社

图书在版编目（CIP）数据

高铁连续梁桥施工智能化监控方法与实践 / 王浩，
王飞球主编. -- 北京：中国建筑工业出版社，2024. 6.
ISBN 978-7-112-30059-4

Ⅰ. U448. 13

中国国家版本馆 CIP 数据核字第 2024RB1273 号

　　《高铁连续梁桥施工智能化监控方法与实践》一书是作者及其团队在相关领域基础研究成果的综合和实际工程项目经验的总结。本书既有深厚的专业理论知识，又有相当范围的专业内容，作者旨在向读者系统介绍高铁连续梁桥施工智能化监控方法，并加以推广。

　　全书主要有七章内容，分别是：第一章 绪论，第二章 高铁连续梁桥 BIM 参数化建模及施工虚拟仿真，第三章 基于 BIM 的高铁连续梁桥施工有限元模拟，第四章 基于 BIM 的高铁连续梁桥施工可视化监测，第五章 桥梁施工场地风险智能识别，第六章 高铁连续梁桥施工期风速预测和分级管控，第七章 高铁连续梁桥施工信息化管理平台。

　　本书适合从事桥梁施工的建设人员、管理人员阅读、使用。

　　　　责任编辑：王　治　张伯熙
　　　　责任校对：李美娜

**高铁连续梁桥施工智能化
监控方法与实践**
王　浩　王飞球　主编

*

中国建筑工业出版社出版、发行（北京海淀三里河路 9 号）
各地新华书店、建筑书店经销
北京鸿文瀚海文化传媒有限公司制版
河北鹏润印刷有限公司印刷

*

开本：787 毫米×1092 毫米　1/16　印张：11　字数：206 千字
2024 年 10 月第一版　　2024 年 10 月第一次印刷
定价：**60. 00** 元
ISBN 978-7-112-30059-4
（42348）

作者简介

王浩，男，1980 年生于江西省鹰潭市，东南大学首席教授、博士生导师，混凝土及预应力混凝土结构教育部重点实验室常务副主任、《东南大学学报（自然科学版/英文版）》主编。教育部"长江学者奖励计划"特聘教授，中共中央组织部"万人计划"青年拔尖人才，国家优秀青年科学基金获得者。兼任 WTC 桥梁工程防灾减灾抗风学科技术委员会主席、ISO/TC 98/SC 3/WG 2 国际标准专家组成员、中国振动工程学会风致振动与控制专委会主任委员、中国公路学会桥梁和结构工程分会常务理事、江苏省工程师学会风工程专委会主任委员、江苏省高等学校学报研究会理事长等。获国家科学技术进步奖二等奖、江苏省科学技术奖一等奖等科技奖励，以及国际风工程协会青年奖、Elsevier 中国高被引学者等荣誉。

2001 年 6 月于中南大学获交通土建工程学士学位，2004 年 6 月于中南大学获桥梁与隧道工程硕士学位，2007 年 6 月于东南大学获防灾减灾工程及防护工程博士学位，毕业后留校任教至今。曾以国家公派访问学者、高级研究学者身份两度在美国伊利诺伊大学香槟分校智能结构技术实验室开展桥梁健康监测合作研究；以客座教授身份在美国圣母大学自然灾害模拟实验室开展桥梁风工程合作研究。长期致力于桥梁及结构抗风防灾与震（振）动控制、结构智慧监测与运维等领域的教学与科研工作。主持国家自然科学基金重点项目、973 计划（青年科学家专题）课题、教育部霍英东基金等国家/省部级项目 20 余项，以及五峰山大桥、张靖皋长江大桥、苏通第二过江通道、马鞍山公铁长江大桥等国家重点桥梁科技攻关项目。

王飞球，男，1979 年生于江西省九江市，正高级工程师，东南大学校外博士生导师、江苏省产业教授。

2003 年 6 月于中南大学获土木工程学士学位，2011 年 3 月于同济大学获建筑与土木工程专业硕士学位，2019 年 11 月获中南大学土木工程规划与管理专业博士学位。历任中铁二十四局集团江苏工程有限公司执行董事兼党委书记、中铁二十四局集团有限公司经营部部长等职务，兼任坝道工程医院华东轨道交通分院院长、江苏省铁道学会常务理事、江苏省工程师学会常务理事。牵头组建江苏省研究生工作站、南京市工程研究中心、东南大学研究生实践基地等。主持省部级/企业级项目 6 项，在本领域权威期刊发表论文 26 篇，授权发明专利 27 项、软件著作权 7 项，获省级工法 1 项，参编国家标准 1 部。先后获得中国公路学会科学技术奖一等奖（排名 1）、江苏省科学技术奖一等奖（排名 8）、上海市科学技术发明奖一等奖（排名 6）、中国交通运输协会科学技术进步奖一等奖（排名 8）等。获全国优秀建造师、全国工程建设优秀项目经理、上海市青年岗位能手、中国铁建青年岗位能手、中华全国铁路总工会火车头奖章等各项荣誉表彰。

本书编写委员会

主　　编：王　浩　　王飞球

副 主 编：茅建校　　张一鸣　　谢以顺

编　　委：徐梓栋　　祝青鑫　　梁瑞军
　　　　　倪有豪　　何祥平　　徐寅飞
　　　　　赵亚宁

编写单位：东南大学
　　　　　中铁二十四局集团有限公司

前　　言

中国高速铁路（高铁）凭借安全、快捷、平稳、舒适、方便等优点，为世界高铁商业运营树立新的标杆，成为享誉海内外的"中国名片"。由于高铁列车运行速度快，行驶的平稳性、安全性及乘客舒适度成为控制高铁桥梁设计与建设的关键问题。为此，即使在平原地区也大量采用铺设无砟轨道的桥梁作为运行载体，达到控制线路沉降、突破地形限制的目的，这对桥梁施工提出了更高的标准与要求。连续梁桥具有建设成本低、结构刚度大、日常养护工作量小等优点，因而在高铁桥梁建设中得到了广泛应用。

为确保在施工过程中桥梁受力状态始终处于安全范围，成桥线形及关键性能指标符合设计要求，必须对高铁桥梁施工进行严格监控。相比传统连续梁桥施工，高铁连续梁桥对线路平顺性、耐久性、裂缝控制及合龙精度等提出了更高要求。因此，需对其进行高标准、全方位的施工监控，保障高铁连续梁桥施工和运营期间的安全性。传统连续梁桥施工监控主要通过在控制截面布置传感器，定期采集监测数据以掌握桥梁在施工过程中的实际状态（内力、位移等）。通过分析结构内力、位移等与设计目标的差异，了解控制施工误差的主要因素并做出施工预测，指导下一阶段施工。目前，桥梁施工监控以人工定期实测与预报为主，尚缺乏集数据采集自动化、施工智能监控与分析、施工风险分析与预警等于一体的智能监控技术。在长周期的桥梁施工中，施工监控时间较长，且监测数据量庞大，通过人工表格记录数据并利用计算机进行分析，实时性较差且易导致监测滞后于施工等问题。其次，桥梁施工现场环境复杂，难免产生人为误差，若施工误差得不到及时处理而不断积累，最终易导致重大施工问题或安全事故。

计算机软件、智能算法、无线传感技术以及信息技术的快速发展，为提升桥梁施工监控智能化水平提供了新的契机。近年来，虽然新一代信息技术在土木工程领域得到了广泛关注。但目前市面上还没有一本专门系统介绍该类技术在桥梁施工监控中的工程应用参考书。为此，在国家自然科学基金优秀青年基金项目、973计划（青年科学家专题）课题、住房和城乡建设部科研计划、江苏省重点研发计划、中国国家铁路集团有限公司科技研究开发计划等项目持续支持下，完成了本书的编写工作。本书论述了高铁连续梁桥施工智能化的监控方法，并展示了典型工程的应用案例，力求为桥梁施工监控的自动化、智能化提供有效参考。

　　本书由东南大学王浩负责全书框架设计、统筹协调和最终定稿，课题组成员参与了部分章节的编写和整理工作。茅建校、张一鸣、何祥平参编第一章，徐寅飞参编第二章，何祥平参编第三章，祝青鑫参编第四章，倪有豪、张一鸣参编第五章，徐梓栋参编第六章，梁瑞军参编第七章，中铁二十四局集团有限公司王飞球、谢以顺参与本书撰写并在工程案例内容方面给予大量支持。本书参考和引用国内外相关领域的论文与著作，在此向同行专家们表示感谢。本书的编写工作得到了中国铁道科学研究院集团有限公司、中铁二十四局集团有限公司路桥分公司等单位帮助与支持，在此一并致谢。

　　本书是编写组结合 BIM、计算机视觉等信息技术开展高铁桥梁施工智能监控研究及工程应用的工作总结，希望能对从事桥梁施工的同行们有所帮助。由于新一代信息技术及其在土木工程施工中的应用日新月异，编者认知水平有限，书中难免存在不足、缺陷和错误，敬请读者批评指正并反馈修改建议，在此深表谢意。

目　　录

第一章 绪论

中国高速铁路（高速铁路也简称高铁）凭借安全、快捷、平稳、舒适、方便等优点，为世界高铁商业运营树立了新的标杆，成为享誉海内外的"中国名片"。据中国国家铁路集团有限公司统计，截至 2023 年底，全国铁路运营里程已达 15.9 万 km，其中，高铁运营里程高达 4.5 万 km，位居世界第一。

由于高铁列车运行速度快，行驶的平稳性、安全性以及乘客舒适度成为高铁桥梁设计与建设过程中的关键问题。即使在平原地区，也常采用铺设无砟轨道的桥梁作为铁路运行载体，以达到控制线路沉降、突破地形限制的目的。连续梁桥具有建设成本低、结构刚度大、日常养护工作量小等优点，在高铁桥梁建设中得到了广泛应用。随着高铁运行速度的提高与铁路建设规模的扩大，高铁连续梁桥的建设也面临着更多的施工风险、更高的安全标准和更先进的技术要求。相比传统的连续梁桥施工，高铁连续梁桥对线路平顺性、耐久性、裂缝控制及合龙精度等提出了更高的要求。但由于建设过程中结构受力状态复杂、施工控制影响因素多、施工误差控制难度大、结构存在安全隐患等，影响了高铁连续梁桥的建设质量。

桥梁施工监控是保证桥梁建设质量的重要技术手段。传统的高铁连续梁桥施工监控的人工依赖性大，尚缺乏集数据采集自动化、施工智能监控与分析、施工风险分析与预警等于一体的智能监控关键技术。以建筑信息模型（BIM）、机器视觉、智能算法、物联网＋等新兴技术为代表的信息化技术发展与应用，为高铁连续梁桥施工智能监控带来了新的发展契机。

第一节 高铁桥梁的发展与建设现状

1. 中国高铁现状

高铁是现代高新技术的集成、铁路现代化的标识，具有安全、快速、舒适、环保等诸多优点。为了发展高铁，中国铁路工作者长期以来做了大量的前期研究和论证工作。中华人民共和国铁道部在 1992 年发布的《铁路今后十年和"八五"科技发展纲要》中，首次提出了发展高铁客运的目标，并于当年启动了"京沪高速铁路预可行性研究"，这也标志着中国正式迈出了高铁发展的第一步。1994 年广深线成功开展了 160km/h 的提速改造；1997 年起，中国连续 6 次对既有铁路线速度进行大面积提速；2002 年中国自主设计、施工的 200km/h 的秦沈客运专线建成投产，同年"中华之星"动车组创造了 312.5km/h 的试验速度，为中国高铁的发展奠定了重要的理论和实践基础。

2004 年，国务院批准实施《中长期铁路网规划》，翻开了中国高铁建设的新篇章。我国大力推进高铁技术的原始创新、集成创新、引进消化吸收再创新，加强自主创新力度，经过多年发展，已经走出了一条具有中国特色的高铁发展之路，成为世界上高铁规模最大、发展速度最快的国家，并形成了在世界上独具优势的显著特点：技术先进、安全可靠、性价比高。目前，我国高铁建设正处于跨越式发展新时期，高铁规划范围覆盖了我国北部、东部、西部和中部四大板块。随着兰新、京广、京沪等一批重点高铁项目建成通车，四大板块间联系日渐紧密，交通运输的网络效应也日益凸显，尤其是"十三五"期间发展的"八纵八横"主骨架标志着我国现代化高铁网已初具规模。高铁主要以速度目标值大小区分，结合我国高铁发展现状，遵循国际上对于高铁定义的惯例，把新建铁路旅客列车运行速度达到或者超过 250km/h，或者旅客列车运行速度达到 250km/h 的客货共线运行铁路以及既有线通过改造使基础设施适应速度 200km/h 的铁路称为高铁。我国在高铁的勘察设计、装备研制、施工建设和运营管理均处于国际先进水平，形成了具有中国特色的高铁技术标准体系，特别是具有完全自主知识产权的"复兴号"动车组列车于 2017 年 6 月 26 日在京沪高铁正式双向首发，标准速度可达 400km/h，标志着中国高铁已达到国际领先水平。

2. 高铁桥梁发展及应用现状

桥梁是贯穿陆地交通的关键性纽带，在铁路及公路交通运输系统中均占有重要地位。我国高铁建设的一大重要特点便是桥梁在高铁线路里程中的总占比高。2017～2023 年我国高铁里程桥梁占比变化情况如图 1-1 所示。为了提高施工质量，节省经济成本，减少铁路占地空间，保护自然生态环境和野生动物栖息地，保证线路规划的合理性和列车行驶的平顺性，减少对其他交通线路的影响，高铁建设经常采用"以桥代路"的建造方式。以京沪高铁为例，线路全长 1318 km，其中，共有桥梁 244 座，总长约 1140 km，桥梁累计长度占线路长度的比例超过了80％。我国部分已建成的高铁桥梁工程占比概况如表 1-1 所示。

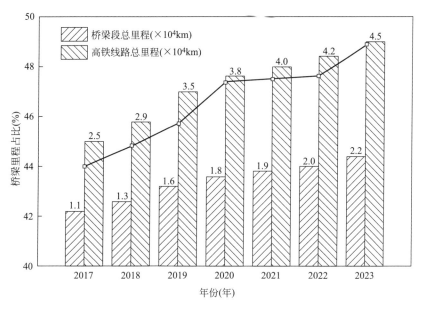

图 1-1 2017～2023 年我国高铁里程桥梁占比变化情况

我国部分已建成的高铁桥梁工程占比概况　　　　　表 1-1

高铁线路名称	全长(km)	桥梁线长(km)	桥梁比例(％)	通车年份
京津城际铁路	166.0	144.4	87.0	2008
甬台温铁路	282.4	89.7	31.8	2009
武广客运专线	995.0	409.9	41.2	2009
郑西客运专线	523.0	312.0	59.7	2010
成灌铁路	94.2	67.0	71.1	2010
沪宁城际铁路	300.0	150.1	50.0	2010
沪杭客运专线	158.0	142.2	90.0	2010
广珠城际铁路	142.2	134.0	94.2	2011
京沪高速铁路	1318.0	1140.0	86.5	2011
广深港高速铁路广深段	116.0	90.5	78.0	2021
哈大高速铁路	904.0	695.2	76.9	2012
杭甬客运专线	150.0	122.9	81.9	2013

高铁线路名称	全长(km)	桥梁线长(km)	桥梁比例(%)	通车年份
盘营客运专线	89.3	75.3	84.3	2013
成渝客运专线	308.2	160.8	52.2	2015
广佛肇城际铁路	115.0	101.5	88.3	2016

注：表 1-1 中，桥梁比例为四舍五入数据。

高速列车运行速度快、运营密度大、对乘车舒适度要求高，因而要求高铁线路应具有高稳定性、高精度、高平顺性、小残余变形、少维修等特点。预应力混凝土连续梁桥因受力性能和抗震性能良好，施工工艺成熟，后期维护工程量小等优点，成为富有竞争力的高铁桥梁结构形式之一，在高速铁路建设中得到了广泛推广与应用。我国已建成的代表性高铁预应力混凝土连续梁桥如表 1-2 所示。

我国已建成的代表性高速铁路预应力混凝土连续梁桥　　表 1-2

桥梁名称	所属线路	跨数	主跨长度(m)	竣工年份
衡阳湘江特大桥	武广高速铁路	6	116	2008
北京环线特大桥	京津城际铁路	3	128	2008
沙朗特大桥	广珠城际铁路	7	125	2009

我国高铁桥梁经过近年来的发展，形成了完整的技术标准，采用工厂化制梁、架桥机快速铺架，有效地提高了主梁质量，缩短了建设周期。然而，标准化、信息化、智能化的发展趋势如何体现在高铁桥梁的发展中，尚缺乏具有前瞻性、战略性的发展思路和理念引导，有待深入开展相关科学问题的研究。在高铁桥梁建造方面，应引入自动化、智能化的设计建设理念，实现高铁桥梁的建造、运营全过程监控反馈系统，实时了解桥梁的健康状况，进行针对性的安全防护与养护维修。

第二节　基于 BIM 的桥梁信息化施工

1. 桥梁信息化概述

"信息化"是指培养、发展以计算机为主的智能化工具为代表的新生产力，并使之造福于社会的历史过程。具体解释为，是以现代通信、网络、数据库技术为基础，将所研究对象各要素汇总至数据库，供特定人群生活、工作、学习、辅助决策等和人类息息相关的各种行为相结合的一种技术，使用该技术后，可以极大地提高各种行为的效率，并降低成本，为推动人类社会进步提供支持。目前，信息化已经上升到国家战略层面，桥梁工程的信息化研究正在蓬勃发展。通过信息化技术可以显著提高桥梁的生产效率、性能和建养（建造养护的简称）一体化水平，推动桥梁智能化、工业化水平的提升，实现桥梁全寿命周期内各项数据的管理和桥梁状态的实时评估。

建筑信息模型技术（BIM）是提高桥梁信息化水平的有效手段之一。BIM概念最早由"BIM之父"——美国佐治亚理工大学Charles Eastman教授提出，他在课题原型为"Building Description System"的研究论文中阐述了如今的BIM理念，其后又指出BIM既可指建筑信息模型，又可指围绕建筑信息进行的建模活动。然而，自从BIM概念被提出以来，对于BIM具体定义众说纷纭，综合多篇文献发现，BIM概念主要有两个层面的含义：一是广义层面上，BIM指相互交互的技术和政策的集合，形成了面向建设项目全寿命周期的建筑设计和项目数据管理方法；二是狭义层面上，美国国家建筑科学院在2007年给出的标准中明确：BIM是一个建筑项目物理与功能特性的数字化表达，可提供共享的资源信息，可在建筑全寿命周期中为所有的决策提供可靠依据。美国国家BIM标准则将BIM的技术特性细化为多个方面，包括：面向生命期、富语言特性、基于网络的实现、信息的精确性、可交互性等。本书提及的BIM概念是狭义层面上的定义。

我国越来越重视BIM在信息化中的应用，2013年中国铁路总公司确定将BIM技术作为铁路工程建设信息化的主要技术发展方向。交通运输部在"十三五"发展规划中将综合交通信息化作为未来研发重点，完成了《BIM技术在桥梁工程中的开发及应用调研》。在桥梁信息化设计方面，BIM等技术为设计提供了一个三维数字化平台，可直接用于复杂形体的创意表达和结构优化，其参数化设计手段可以通过关键参数控制桥梁的复杂形态，从而有效地提高设计效率。在桥梁信息化施工方面，BIM技术能实现信息共享、多方协同作业、虚拟仿真、降低安全隐患等，推动桥梁施工的可视化和精准化发展，有效提高桥梁施工管理水平、保障施工安全性、提升施工质量、降低施工成本，积极推进施工单位的改革创新，提升自身竞争力。在桥梁信息化管养方面，引入现代化信息技术将升级桥梁养护管理技术、提高管理效率与能力。基于BIM技术搭建的建管养一体化平台，可以有效促进桥梁管养过程中的标准化、可视化、自动化和智能化发展，为桥梁的日常检查、工程养护和计划性维护提供决策参考。总体而言，BIM 技术已经成为桥梁设计、施工和管养等实现信息化的有效手段，并得到了大量研究和应用。

2. 桥梁的 BIM 施工

BIM 的目标是为建设项目从论证开始，到设计、施工、运营维护，直至最终拆除的全寿命周期建立数据库。通过数据信息的共享，项目各利益相关方可在不同阶段插入、提取 BIM 信息，也可进行更新和修改，进而实现协同作业。实际上，BIM 即采用三维仿真技术，利用计算机建立已有或规划建筑物的三维模型，将建筑物的工程信息参数化集成、关联，其中既包括 CAD 图纸中的几何尺寸、标高等基本信息，也包括材料特性、构件配筋情况、施工进度、采购成本等非几何信息，最终形成一个三维数据库。工程技术人员和管理人员能从 BIM 中提取各种所需信息，进而可以在工程全寿命周期应用 BIM。

在世界范围，美国是建筑信息化最早开始的国家，如今其 BIM 理论研究及实践也更为成熟。目前，在美国主要有三个机构应用 BIM：美国总务管理局（GSA）、美国联邦机构美国陆军工程兵团（USACE）和美国建筑科学研究院（NIBS）。根据英国国家建筑规范协会（NBS）在 2013 年度的 BIM 调查，39% 的英国工程师在两年内意识到并开始使用 BIM 技术。如今，英国 BIM 的应用已经极为广泛，在伦敦坐落着多家欧洲的先进公司的总部，如 SOM、HOK 和 Gensler。英国驻印尼大使馆、伦敦丘吉尔纪念堂等项目便是由 HOK 设计，并运用 Bentley Structure、Revit Architecture 等相关 BIM 软件进行结构设计与分析。2004 年，新加坡 Caiyun Wan 等在 IFC（Industry Foundation Classes）标准基础上，探讨了 BIM 标准结构分析模型在预应力荷载和荷载组合方面的拓展应用。2009 年，Jung D、Kim H 等以正在建造的 Cheongpoong 斜拉桥（主跨 327m）为工程背景，率先展开了 BIM 在桥梁工程施工中的应用研究，进行了可视化设计与施工、进度成本分析、碰撞检查，并通过不同方法模拟施工工序，检验 BIM 应用的可行性。Beucke 等最早提出了基于 IFC 标准的施工进度计划概念，实现了工程项目的施工过程 4D 模拟。2010 年，Fard 等结合摄像技术与 BIM 技术，通过向三维模型导入图像信息，实现了 3D 施工模拟。2011 年，Shin 等提出了一种将项目全寿命周期和 BIM 结合的分析与设计系统，并将该系统应用于桥梁钢筋混凝土桥柱结构。2012 年，Lee 等基于 BIM 技术进行三维钢筋建模，强调了桥梁设计和施工中三维钢筋建模的重要性，并应用于实际项目中。

国内的相关研究偏晚，Wei 等于 2010 年在美国建筑科学研究院发行的 BIM 学术杂志上发表的文章中，就中国建筑行业 BIM 技术应用情况展开了调查，发现 31.6% 的公司尚未接触 BIM 技术，23.7% 的公司是 2006 年后才有了 BIM 概念。张建平等在建筑施工管理领域应用了 4D 模型理论及相应 CAD 技术，链接 3D 模型与施工进度计划，集成了资源供应、施工进度及施工场地等信息，从而实现了 4D 动态可视化施工管理，并在 IFC 标准和工程数据管理 4D 信息模型基础上，自主开发了新的 4D 项目管理系统。林友强、曾明根等提出了桥梁信息模型集成框架，设计开发了 TJADBrIM 桥梁信息模型系统，建立了 BIM 信息管理平台，对桥梁族库进行了完善，最终实现了快速建模、结构分析等。张洋提出了基于 BIM 技术的工程信息管理体系，解决了基于 BIM 的三维几何建模及模型转换、信息提取与集成、数据存储与访问等关键问题。洪磊则探讨分析了 BIM 技术在覆盖桥梁工程设计、施工、运营的全寿命周期的应用，阐述了基于 BIM 桥梁全寿命期管理框架理念，并以某大桥为工程背景，研究了结构安全信息管理方面 BIM 技术的应用。杨东旭提出了基于 BIM 的施工可视化技术架构，利用 Navisworks 软件实现了施工阶段信息的集成与共享，建立了施工过程 BIM 优化子模型、管理子模型及协调子模型；龙腾、唐红等将 BIM 技术应用于武汉某高架桥施工中，在采购预制构件时结合 BIM 和电子商务技术，通过 4D 施工模拟等协助施工管理；刘占省、李斌等以多哈大桥为工程背景，从模拟施工工艺出发，建立 BIM 数据库及资料库，利用 VDC 技术，对预应力专项施工管理平台进行二次开发。目前，我国在桥梁领域开展的 BIM 研究主要集中于基于 BIM 技术的桥梁设计与施工管理，研究和应用水平远低于国外，尚未在工程中充分实现 BIM 技术所带来的节能减耗、减少成本、节省工期和建养一体化等价值。

第三节 连续梁桥施工智能化监控

1. 桥梁施工监控概述

桥梁施工监测与控制是桥梁施工技术的重要组成部分，也是桥梁建设安全和质量的保证。具体而言，桥梁施工监控以设计成桥状态为实现目标，通过监测桥梁在施工过程中的实际状态和环境状况，获得结构实际状态与理想状态之间的差异（误差），进而运用现代控制理论方法，对引起误差的参数进行识别、调整，并对结构状态进行预测，使桥梁施工状态最大限度地接近理想状态，从而保证桥梁结构成桥状态满足设计和施工规范要求。

随着桥梁施工技术的发展，桥梁施工监控的重要性逐渐被人们认识，但系统地实施桥梁施工监控的历史并不长。日本最早将桥梁施工监控应用于桥梁施工管理，并较为系统地形成了施工监控的概念。在 20 世纪 80 年代初，日本在进行日野连续梁桥的建造时，建立了施工监控系统，该系统观测实际施工过程中的结构内力和挠度等数据，并在现场使用计算机对测得的参数进行处理，再将处理结果反馈进行结构分析，最后，用以指导现场施工。在 20 世纪 80 年代末，日本工程师在建造某斜拉桥和某海湾斜拉桥时，成功地利用计算机联网传输技术建立了一个自动监控系统，对施工过程中的实测参数与设计参数进行快速对比验证，对保障施工安全和精度、加快工程进度起到决定性作用。该系统采用无线传输技术，主要包括自动测量数据采集、精度控制支持和结构计算机分析三部分，但由于结构计算分析是借助控制室大型计算机进行，受通信电缆架设昂贵费用等因素的影响，该系统的推广和使用受到了一定限制。此后，日本在现场采用电子计算机分析，建立一套新的施工监控体系，其最大特点是在现场完成自动测试、分析和控制全过程，并可进行设计值敏感分析和实际结构行为预测，该系统在日本后续建设的多座桥梁施工监控中取得了良好的实际应用效果。

我国虽然在 20 世纪 50 年代便已开始对桥梁施工过程中的内力和变形进行调控，但系统性进行桥梁施工监控方面的研究相对起步较晚，技术的发展落后于日本等起步较早的国家。在建设武汉长江大桥（1957 年建成通车）和重庆长江大桥（1977 年建成通车）时，我国已经开始对结构应力和标高进行控制，从某种意义上说这就是施工监控的内容。进入 20 世纪 80 年代后，计算机技术在桥梁计算分析中得到了广泛应用。在桥梁施工监控过程中，工程师们开始使用计算机进行辅助计算来控制桥梁施工，桥梁施工控制技术得到了迅猛发展。如 1982 年建成通车的上海泖港大桥，首次将现代工程控制的基本思想引入施工监控中，有效并系统地进行主梁挠度和索塔水平位移的施工控制。泖港大桥的施工控制成功，引起了桥梁领域对桥梁施工监控技术研究的热潮。20 世纪 80 年代后期，我国在斜拉桥的施工监控技术方面进行了深入研究，初步形成了斜拉桥施工监控系统，之后又对悬索桥、拱桥和连续刚构桥等施工监控技术进行了发展与实践，并取得了一定的成就。

如上所述，由于国外在桥梁施工监控技术方面的研究和应用起步较早，众多发达国家已经将施工监控纳入常规施工管理工作，监控方法也从人工测量、分析与预报，发展到自动监控、分析、预报、调整，形成较完善的桥梁施工监控系统。然而，由于影响桥梁施工的因素太多、太复杂，同时不断涌现的、新型的、规模（跨径）更大的桥梁工程也对桥梁施工监控提出了更高的要求。智能控制是桥梁工程施工控制的发展趋势，大型桥梁工程结构复杂、规模巨大，已难以用一般的手段监测与控制，桥梁施工监控需不断结合最新的研究成果，采用最先进的技术手段进行测量，并运用计算机技术精确地模拟，使桥梁施工监控逐步变得更加智能化、科学化。

2. 桥梁施工控制理论

随着桥梁建设的快速发展，桥梁施工控制的重要性日益凸显，桥梁施工控制理论不断成熟、完善，逐步形成了以自适应控制理论和无应力状态法等为代表的理论技术方法。在施工控制方法层面，以现代控制理论为基础，综合桥梁工程实践，桥梁施工控制方法经历了开环控制→闭环控制→自适应控制的发展历程。主要理论应用研究包括施工控制方法、施工过程模拟分析方法、施工控制结构分析方法。

（1）施工控制方法

桥梁施工控制的主要任务是桥梁施工过程的安全控制和桥梁结构线形与内力状态控制。随着桥梁结构形式、施工特点及具体控制内容的不同，施工控制方法也不同，现代桥梁施工控制方法有开环控制法、闭环控制法和自适应控制法。

开环控制法于 20 世纪 70 年代成形，强调在施工前根据理想成桥状态求得每个施工阶段主梁的位置，在施工过程中严格把控标高，若发现结构状态与设计要求不符，只能事后调整。该方法是单向的、确定性的，其基本原理见图 1-2（a）。

闭环控制法发展于 20 世纪 80 年代，对于结构复杂且跨度较大的桥梁，施工过程中桥梁实际状态与理想状态存在很大差异，且随着施工过程的推进，误差不断累积，若不及时修正，将导致成桥时结构内力和线形远远偏离理想成桥状态。因此，误差出现后必须及时纠正，而纠正的措施和控制量的大小必须由误差经反馈计算确定，这就形成了闭环反馈控制过程，也通常称为闭环控制法，其基本原理见图 1-2（b）。

自适应控制法发展于 20 世纪 90 年代，该方法在闭环控制基础上引入了参数识别，根据关键参数在施工过程中的识别结果对计算分析模型进行不断修正，从而达到计算模型与实际结构磨合后能够自动适应结构实际力学行为模拟的目的，其基本原理见图 1-2（c）。

中小跨径桥梁的施工控制多采用开环控制法和闭环控制法，大跨度缆索承重桥梁的施工控制多采用自适应控制法。

（2）施工过程模拟分析方法

现阶段施工控制中桥梁结构的施工过程模拟分析方法包括正装计算法、倒装计算法和无应力状态计算法。在大跨度桥梁结构的施工控制中，虽然正装计算法、倒装计算法和无应力状态计算法都能用于各种形式的桥梁结构分析，但由于

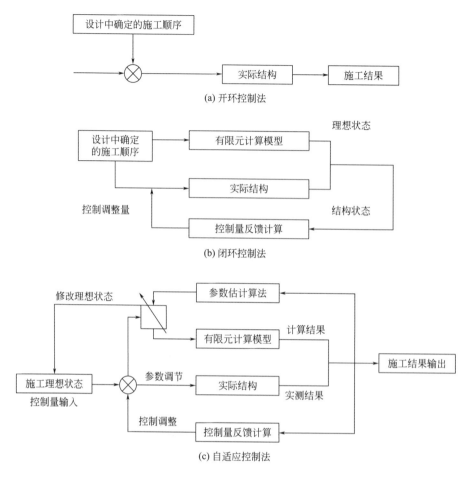

图 1-2　三种施工控制方法基本原理

不同形式的桥梁结构所采用的施工方法不同，这三种计算方法对于不同形式的桥梁结构分析是有所侧重的。

正装计算法是按照桥梁结构实际施工加载顺序来进行结构变形和受力分析，能较好地模拟桥梁结构的实际施工历程，得到桥梁结构在各个施工阶段的位移和受力状态，不仅可用来指导桥梁设计和施工，而且为桥梁施工控制提供了依据。正装计算法在桥梁结构的计算分析中有重要的位置，对于各种形式的大跨度桥梁，要想了解桥梁结构在各施工阶段的位移和受力状态，首先进行正装计算。倒装计算法是按照桥梁结构实际施工加载顺序的逆过程来进行结构行为分析，其目的是要获得桥梁结构在各施工阶段理想的安装位置（主要指标高）和受力状态。众所周知，一座大跨度桥梁的设计图仅给出桥梁结构最终成桥状态的设计线形和设计标高，但是施工时各状态的标高并不明确，因此，要想得到桥梁结构施工初始状态和施工中间各阶段的理想状态，需要从设计图中给出的最终成桥状态开始，逐步倒拆计算得到施工各阶段中间的理想状态和初始状态。只有按照倒装计算出的桥梁结构各阶段中间状态（主要指标高）指导施工，才能使桥梁的成桥状态符合设计要求。当然，在桥梁结构的施工控制中，除了控制结构的标高和线形之外，同样要控制结构的受力状态。正因为倒装计算法有这些特点，它能适用于各种桥型结构的安装计算，尤其适用于以悬臂施工为主的大跨度连续梁桥、刚构桥和斜拉桥。

（3）施工控制结构分析方法

桥梁施工过程的结构分析方法主要包括有限元法和解析法。解析法也是一种结构分析方法。用解析法对于一般的复杂结构分析是难以实现的。目前，有限元法已成为结构分析的通用方法，其将连续体分成有限个单元，将单元间看作相互由节点连接的理想节点系统。分析时，先进行单元分析，用节点位移表示单元内力，然后将单元再合成结构进行整体分析，从而建立整体平衡关系，并由此求出节点位移。有限元法是随着计算机的发展，为适应复杂结构的分析需要而发展起来的一种有效的数值分析方法。

采用有限元法进行施工控制中的结构分析计算与通常的结构分析计算一样，要先建立数据文件。数据文件准备按照所采用分析软件的具体要求进行，一般分为五步：第一步，桥梁结构的模型化。桥梁结构的模型化就是将实际结构理想化为有限个单元的集合。建立的计算模型是否与实际结构相符是保证计算分析结果的关键。由于桥梁在形成过程中的结构体系不断变化，施工控制中的结构分析模型也随着施工的不断推进而改变。通常可考虑建立一个统一的模型，而对某个施工状态的结构模拟则可通过某些单元是否激活来实现。计算模型中单元的选择应以能准确描述施工过程中结构受力与变形状态为准。第二步，桥梁结构的离散化。桥梁结构的离散化就是在模型化处理后，将结构离散为带有有限个自由度的结构单元。其大小与节点位置的确定应充分考虑结构受力情况与施工单元的划分。第三步，按所使用软件的输入要求形成数据文件。第四步，检查、校正数据文件。计算模型最终体现为数据文件，数据文件正确才能保证计算模型的正确，进而保证计算结果的正确。第五步，运行分析软件。一般的结构分析软件种类较多，可以是使用者开发的专用软件，也可以采用通用软件（如 SAP、ADINA、NASTRAN、MIDAS 等）。选择何种软件关键在于所分析对象的实际受力情况、分析内容等。对于桥梁施工控制中的结构分析，由于计算模型随着施工过程的改变，同时要求进行跟踪分析，采用常规通用软件分析是有一定困难的，应采用具

11

有施工控制跟踪、仿真分析功能的软件，也可将通用软件作为一个平台，通过做必要的前后处理来适应施工控制结构分析的需要。最后，对计算结果进行分析和处理。

3. 桥梁施工智能监测

（1）桥梁施工监测系统

桥梁施工控制中需根据实际施工情况和控制目标建立完善的施工监测系统，无论何种类型的桥梁，其施工监测系统一般都包括结构设计参数、几何状态、应力状态、动力特性、温度变化的监测，见图 1-3。通过施工监测系统跟踪施工过程，获取结构的真实状态，修正理论设计参数，保证施工控制预测的可靠性。

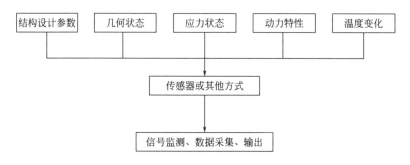

图 1-3　桥梁施工监测系统示意图

我国已经成为桥梁大国，现有桥梁规模位居世界前列，同时正稳步向桥梁强国迈进。在传统方式下，监测手段是通过人工目测检查或借助便携式仪器测量得到监测数据，再后续手动处理得到监测结论，存在人力物力消耗大，单个设备贵重且有诸多检查盲点等问题。另外，监测和评估的结果容易受监测人员的专业素质和监测经验影响。20 世纪 80 年代后期，国内外开始建立小规模的桥梁监测系统，对桥梁结构健康的监测与评估主要使用全站仪、水准仪、激光干涉仪、位移传感器、加速度传感器及 GPS 设备，监测精度和性能均得到提高。国外学者采用监测设备及数据采集系统对桥梁结构进行长期监测，关注大桥前期施工过程中桥梁的应变、温度和位移等响应，实现了实时监测、实时分析和网络数据共享，桥梁监测技术有了很大提升。

目前，施工监测系统的研究主要集中在以下几个方面：自动无线监测系统的开发；振弦式应变传感器和光纤光栅倾角传感器在桥梁结构位移监测中的应用；将全球卫星导航系统实时动态差分监测系统应用于大跨桥梁施工期结构位移监测。

（2）桥梁智能监测

以往，桥梁智能监测大多与桥梁结构运营期健康监测和安全监测关联，但随着桥梁建设向大规模、大跨度发展，桥梁在施工过程中产生了大量监测数据，为了使施工过程更加标准化，提高施工控制工作的效率和质量，为后续工作提供指导，亟须采用智能化、信息化手段实现对施工全过程的监测。得益于计算机、大数据以及人工智能等技术的蓬勃发展，施工监测数据量大，对其难以处理分析、信息反馈慢等问题将迎刃而解，桥梁智能监测开始贯穿在桥梁结构全寿命周期。

桥梁智能监测是以桥梁结构为平台，通过结构监测、环境监测、交通监控、设备监控、综合报警、信息网络及分析处理系统与它们之间的最优化组合，向管理者提供对桥梁结构长期实时使用状态的综合监控，希望提高大桥的整体管理技术水平，确保桥梁施工及运营安全，延长桥梁使用寿命。桥梁智能监测主要包括以下几项关键技术：①传感器及数据采集、预处理技术（传感器及硬件开发）；②网络传输、数据滤波技术（网络及通信）；③GPS应用技术（测量及计算机）；④图形图像显示、工作界面处理技术（计算机、软件）；⑤自动多级报警技术（桥梁工程及计算机软件）；⑥综合布线技术（电力）；⑦系统集成技术（网络、计算机、桥梁工程等）。

（3）BIM技术在桥梁施工监测中的应用

桥梁工程属于大型建设工程，结构种类复杂、各构件体型庞大，对施工技术和管理人员提出了较高要求。传统施工技术和管理手段的问题之一是桥梁各构件数据量大且信息混乱或缺失严重，加大了桥梁后期运维的难度。为适应现代化桥梁建设需求，实现高效化管理，国内外专家和学者开始将BIM技术引入桥梁建设。BIM技术具备高度的真实性和可模拟性，近年来，对基于BIM技术的桥梁施工控制已成为研究热点。

4. 桥梁施工风险智能识别

高铁桥梁施工属于典型的线工程，点多面广。由于其施工工期长、现场施工安全风险高、施工管理复杂等特点，给高铁桥梁施工全周期管理带来了巨大的挑战。同时，桥梁施工场地是动态的环境，包含各工种施工人员作业，以及各类型机械设备运转。由于施工现场环境复杂，人员在施工过程中不可避免地面临潜在的安全和健康风险。因此，施工过程中对桥梁结构以及现场施工人员和机械的安全管控至关重要。

有效的现场监督是确保安全管理的重要手段。近些年，桥梁施工场地的风险智能识别是人工智能技术在工地应用的一项前沿技术。对人员和机械的信息、位置及其移动轨迹进行实时追踪，并对其安全状态进行监督和预警是风险智能识别重要目的之一。计算机视觉识别是指让计算机和系统能够从图像、视频和其他视觉输入中获取有意义的信息，并根据信息采取行动或提供建议。通过计算机视觉识别实现对人员与机械的管控具有广泛应用价值和推广前景。目前，计算机视觉识别在建筑安全管理领域的应用研究主要集中于识别人员和机械的不安全施工行为。在识别施工人员不安全行为方面，通过将深度学习（如卷积神经网络）与计算机视觉获得的图像结合，可以自动提取图像特征信息用于数据训练和学习，进而识别人员现场的安全/不安全行为。将计算机视觉识别与模糊推理方法和增强现实技术（VR）结合，可以监测和评估在重型设备附近工作的建筑工人安全状况，还可以通过开发相应的危险避免系统自动警告建筑工人潜在的危险。在识别机械不安全施工行为方面，由于施工机械在执行不同任务时会产生不同的运动信号、音频信号，可以将每个活动与特定的信号模式关联，进而采用机器学习算法处理信号记录和提取大量有用信息。

传统的施工要素管理主要依赖于人工，这种管理模式存在人工巡视工作量大、主观性强、效率低、随机性大等问题，无法满足对于施工现场安全管控的需要。近年来，对施工要素的管理定位研究日益增多，主要包括：①无线局域网（WLAN）定位：以 WLAN 位置＋指纹匹配为核心，用射频识别（RFID）协同指纹分区快速索引实现人员精确定位；采用基于 Wi—Fi 的 WLAN 无线定位系统，通过接收和对比来自每个接入点的信号强度判断工人的位置。②蓝牙定位：结合蓝牙信号源定位基本算法，将 5G 网络与蓝牙定位微基站结合，排查施工安全隐患。③全球定位系统（GPS）：通过测量卫星到 GPS 接收器的传播时间及光的速度，计算得到目标距离并获得目标位置，实现施工机械的运动轨迹预测和施工人员定位。④超宽带（UWB）技术：主要由 UWB 定位标签、UWB 定位基站、定位平台及应用平台组成。在以上各类方法中：基于 WLAN 的定位系统虽然比较经济，但是定位的精度相对较差，蓝牙定位和 GPS 技术不适合在室内使用；UWB 技术的信号接收器需要 LAN 连接才可得到准确的定位数据，否则准确性会急剧下降，但 UWB 技术由于其就近布设定位基站以及信号穿透力强、抗干扰能力好等优点得到了广泛应用。

第四节　本书主要内容

本书共有七章，第一章介绍高铁桥梁的发展与建设现状、桥梁施工信息化技术发展历程、桥梁施工智能化监控的发展，以期读者在深入了解各章内容前，对高铁连续梁桥施工智能监控的全貌有概括了解。第二章简述了 BIM 的基本概念，并介绍基于 BIM 的高铁连续梁桥参数化建模及施工虚拟仿真等内容。第三章介绍基于 BIM 的高铁连续梁桥有限元模型快速生成方法及相关代码，据此对桥梁静力特性进行分析和验证。第四章介绍基于 BIM 的高铁连续梁桥施工监控方案优化设计及监测数据可视化技术，并结合实际桥梁工程进行详细说明。第五章介绍基于计算机视觉、运动学及音频的施工场地风险智能识别技术和相关工程案例。第六章结合实际工程介绍高铁连续梁桥施工期风速预测和分级管控技术。第七章详细介绍高铁连续梁桥施工信息化管理平台的各个模块与功能。

本书旨在使读者系统了解高铁连续梁桥施工智能监控的概念，认识 BIM 技术在高铁连续梁桥施工监控过程中的重要作用，激发读者对基于 BIM 的虚拟仿真建造与模拟、施工可视化监测、施工场地风险智能识别、施工信息化管理等方面的关键技术产生浓厚的兴趣。

第二章 高铁连续梁桥BIM参数化建模及施工虚拟仿真

　　随着中国经济社会的发展，基础设施建设技术水平的逐步提高，高铁以其平稳、快速和安全性高的优点成为我国新的国际名片。作为跨越河流和既有路线的重要结构物，连续梁桥是高铁线路中的重要组成部分，保障其施工全过程的安全与高效至关重要。传统桥梁施工管理模式中，施工项目管理者在自身工程经验的基础上，通过复杂的 2D 施工图纸获取工程信息，再对施工项目进行工作结构分解，形成工作结构分解、工作界面管理、施工组织设计三类文件指导施工。然而，在桥梁设计和建设程序各阶段中，信息经历了"构建—解体—重建—再解体—又重建—又解体—再重建"的过程，各相关专业可能存在"信息孤岛"。由于 2D 施工图纸提供的工程信息完备性不足，可能导致施工项目的各文件存在先天性缺陷，在指导实际施工时容易出现工期拖延、精细化程度低、效益低、质量低等问题。

　　施工虚拟仿真技术是实际施工过程在计算机上的虚拟实现，其采用虚拟现实和结构仿真等技术，通过建立结构构件模型和模拟施工过程对施工方案进行设计、验证、优化和完善，逐步替代传统的施工方案编制方式和方案操作流程。该技术具有"先试后建"和可视化程度高的特点，通过对设计进行分析和优化，可有效地提高各部门之间的协调性，从而优化施工管理。在对施工过程进行模拟时，可预知实际施工过程中可能遇到的难题，提前做好防备措施。通过优化施工方案，合理配置施工资源，节省施工成本，提高施工效率。

　　BIM 技术以模型为载体，以信息为核心，是实现施工虚拟仿真的重要一环。本章主要介绍基于 BIM 的桥梁施工虚拟仿真技术的基本概念、技术原理和实现流程。首先，介绍 BIM 建模及分析的常用软件；其次，介绍 BIM 建模的核心思想——参数化建模以及在所建立 BIM 的基础上进行 4D 施工模拟及可视化施工模拟等桥梁虚拟仿真建造；最后，以工程案例的形式展示精细化模型的应用。

第一节　基于 BIM 的桥梁虚拟仿真参数化建模

1. 常用 BIM 软件简介

BIM 技术的应用实施需要 BIM 软件的支持。BIM 软件种类多样，有设计软件、分析软件、管理软件、检查软件、发布与审核软件、可视化软件，具体分类见图 2-1。

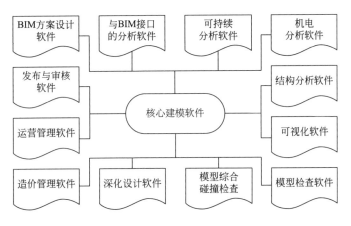

图 2-1　BIM 软件划分

BIM 技术的核心是建立准确的三维模型，模型中包含结构的各个构件以及它们的属性信息。目前，常见 BIM 建模软件有多款，见表 2-1。

常见 BIM 建模软件　　　　　　　　　　　　　表 2-1

软件公司	所属国家	软件名称	适用领域
Autodesk	美国	Revit Architecture	民用建筑、桥梁
		Revit Structure	
		Revit MEP	
Bentley	美国	Bentley Architecture	工厂和基础设施
		Bentley Structure	
		Bentley Building	
		Mechanical Systems	

软件公司	所属国家	软件名称	适用领域
Nemetschek Graphisoft	匈牙利	ArchiCAD	建筑专项
		AllPLAN	
		Vectorworks	
Gery Technology Dassault	法国	Digital Project	航空、航天、汽车领域
		CATIA	

表 2-1 中的建模软件各有优势：

1）Autodesk 公司的 Revit 建筑、结构和机电系列，在中国国内民用建筑市场，占有很大的市场份额。

2）Bentley 公司的系列产品在工业设计（石油、化工、电力、医药等）和市政基础设施（道路、桥梁、水利等）领域具有无可比拟的优势。

3）Nemetschek Graphisoft 公司的 ArchiCAD、AllPLAN、Vectorworks 产品。其中，ArchiCAD 作为一款最早的、具有一定市场影响力的 BIM 核心建模软件，国内同行最熟悉。然而，其定位过于单一（仅限于建筑学专业），与国内"多专业、一体化"的设计院体制严重不匹配，难以具有较大的市场占有率。AllPLAN 的主要市场在德语区，Vectorworks 的市场主要在欧美地区。

4）Dassault 公司的 CATIA 是全球最高端的机械设计制造软件，在航空、航天、汽车领域占据垄断地位，并且其建模能力、表现能力和信息管理能力均比传统建筑类软件更具明显优势，但尚未与工程建设行业顺畅对接。Gery Technology 公司的 Digital Project 则是在 CATIA 基础上开发的一个面向工程建设行业的应用软件（即二次开发软件），目前应用较少。

相较于普通建筑结构，桥梁的桥墩、梁塔等采用较多非线性结构。因此，桥梁 BIM 建模的一大难点是非线性结构和空间异形体的构成。然而，当下主流的 BIM 软件如 Revit、广联达、鲁班等软件多建立在 CAD 的基础上，在解决复杂曲面问题和空间异形体时缺乏良好的手段，出现较大的系统误差。部分建模软件的开发应用有效地解决了这一问题，如 Dassault 公司发行的 CATIA 软件。不同 BIM 建模软件适用范围不同，用户可根据项目类型和精细程度等要求选择合适的 BIM 建模软件。

BIM 分析软件是指基于 BIM，根据项目各参与方、各专业、各项目阶段不同层次与深度的需求对模型进行分析的软件。按照功能可分为：BIM 可持续分析软件、BIM 机电分析软件、BIM 结构分析软件、BIM 深化设计软件、BIM 综合碰撞检查软件、BIM 造价管理软件、BIM 运营管理软件、二维绘图软件、BIM 发布审核软件等。下面对此逐一介绍：

1）BIM 可持续分析软件可使用 BIM 信息，对项目进行日照、风环境、热工、景观可视度、噪声等分析和模拟。主要软件有国外的 Echotect、IES、Green Building Studio（GBS），以及国内的 PKPM 等。

2）BIM 机电分析软件，国内产品有鸿业、博超等，国外产品有 Designmaster、IES Virtual Environment、Trane Trace 等。

3）BIM 结构分析软件是目前与 BIM 核心建模软件配合度较高的产品，基本可实现双向信息交换，即：BIM 结构分析软件可使用 BIM 核心建模软件的信息进行结构分析，将结构的分析调整结果，反馈到 BIM 核心建模软件中，自动更新 BIM。国外 BIM 结构分析软件有 ETABS、STAAD、Robot 等，国内的 BIM 结构分析软件有 PKPM，它们均可与 BIM 核心建模软件配合使用。

4）Xsteel 作为目前最具影响力的基于 BIM 技术的钢结构深化设计软件，可使用 BIM 核心建模软件提交的数据，对钢结构进行加工、安装的详细设计，生成钢结构施工图（加工图、深化图、详图），材料表，数控机床加工代码等。

5）对于大型项目，因硬件限制而使 BIM 核心建模软件往往无法在一个文件内操作整个项目模型，但是，又必须把这些分开创建的局部模型整合在一起，才能研究整个项目的设计、施工及运营状态。BIM 综合碰撞检查软件基本功能包括各种三维软件（BIM 软件、三维工厂设计软件、三维机械设计软件等）创建的模型，并进行三维（3D）协调、四维（4D）计划、可视化、动态模拟等，其实也属于一种项目评估、审核软件。常见 BIM 综合碰撞检查软件有 Autodesk Navisworks、Bentley Projectwise Navigator 和 Solibri Model Checker 等。

6）BIM 造价管理软件利用 BIM 提供的信息进行工程量统计和造价分析。它可根据工程施工计划动态提供造价管理需要的数据，即所谓 BIM 技术的五维（5D）应用。国外 BIM 造价管理软件有 Innovaya 和 Solibri，鲁班则是国内 BIM 造价管理软件的代表。

7）美国国家 BIM 标准委员会认为，一个建筑物完整生命周期中 75％ 的成本发生在运营阶段（使用阶段），而建设阶段（设计及施工）的成本只占 25％。因此可断言，BIM 为建筑物运营管理阶段提供服务，将是 BIM 应用的重要推动力和主要工作目标。BIM 运营管理软件中，ArchiBUS 是最有市场影响的软件之一，而 FacilityONE 也将提供有关帮助。

8）从 BIM 技术发展前景来看，二维施工图应该只是 BIM 其中的一个表现形式或一个输出功能而已，不再需要专门二维绘图软件与之配合。但是，在国内目前情形下，施工图仍然是工程建设行业设计、施工及运营所依据的具有法律效力的文件，而 BIM 软件的直接输出结果还不能满足现实对于施工图的要求，故二维绘图软件仍是目前不可或缺的施工图生成工具。在国内市场较有影响的二维绘图软件平台主要有 Autodesk 的 AutoCAD、Bentley 的 Microstation。

9）常用 BIM 发布审核软件包括 Autodesk Design Review、Adobe PDF 和 Adobe 3D PDF。正如这类软件本身名称所描述的那样，发布审核软件把 BIM 成果发布成静态的、轻型的、包含大部分智能信息的、不能编辑修改但可标注审核意见的、更多人可访问的格式（如 DWF/PDF/3D PDF 等），供项目其他参与方审核或使用。

为使读者了解更多 BIM 软件和它们之间的关系，绘制图 2-2，供读者学习，其中，实线表示直接关系，虚线表示间接关系。

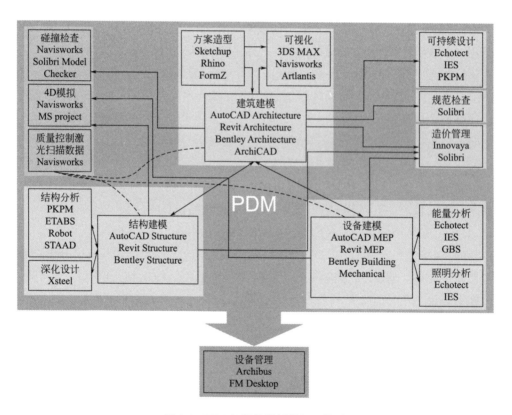

图 2-2　BIM 各类软件间的相互关系

2. 主体结构建模

BIM 建模是 BIM 技术开展应用的基础。工程结构通常由各个构件组成，而大部分构件通常具有相似的几何外形和信息描述，因此，将通用构件信息参数化，通过控制关键参数即可实现构件批量建立和信息录入，从而提升整体建模效率，便于同类工程调整使用。以 Revit 作为 BIM 建模软件为例，该软件以族文件为建模单位，其中，族文件可定义多种类型参数，除几何尺寸参数外，还包括文字描述、材质等非几何参数。通过设计参数文件和参数化族，即可批量建立族实例，从而以"搭积木"的形式拼装成三维模型。以连续梁桥为例，通过建立参数化箱梁通用族和桥墩承台桩基一体化族，将连续梁桥每个节段和下部结构设计参数信息生成 Revit 规定格式，即可在 Revit 中批量生成族实例，从而组装成连续梁桥模型，Revit 族与模型如图 2-3 所示。

图 2-3　Revit 族与模型

图 2-4 是 BIM 参数化建族流程图。首先，将桥梁结构及其施工设备以施工方式、施工阶段等为依据进行结构化分解。其次，分析结构化分解后的桥梁结构和设备，确定参数化对象，对于 0 号块等因结构和尺寸特殊而无需参数化的构件则建立非参数化"族"模型。确定参数化对象后，明确结构的控制参数以及逻辑关系，并以此建立参数化"族"模型。最后，调试参数化"族"模型，若参数无法驱动模型，则再次分析参数以及逻辑关系，若成功驱动，则保存文件并与非参数化"族"模型一起建立族库。

3. 场地环境建模

（1）倾斜摄影三维建模

倾斜摄影技术是国际摄影测量领域近十几年发展起来的一项高新技术，该技术通过从一个垂直、四个倾斜、五个不同的视角同步采集影像，获取丰富的建筑

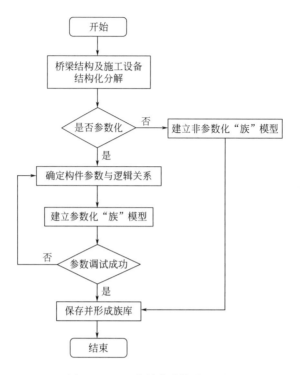

图 2-4　BIM 参数化建族流程图

物顶面及侧视的高分辨率纹理。它不仅能够真实地反映地物情况，高精度地获取纹理信息，还可通过先进的定位、融合、建模等技术生成真实的三维模型。该技术在发达国家已被广泛应用于应急指挥、国土安全、城市管理、房产税收等领域。

1）倾斜影像数据获取

倾斜影像数据获取是在同一飞行平台上搭载多台传感器（通常是采用 5 台相机或 5 个镜头相机），同时从各个角度获取地物、地貌的垂直和倾斜影像以及位置信息。垂直地面拍摄的影像称为正片，镜头朝向与地面成一定夹角拍摄的影像称为斜片。

2）倾斜影像数据处理

是将正片与斜片进行多视角影像联合平差、多视角影像密集匹配、TIN 三角网构建、三维纹理映射，并以此生成基于倾斜影像纹理的"全要素、全纹理"实景三维模型，实现三维量测。与人工建模相比，倾斜摄影自动化建模具有高效率、高精度、高真实感和低成本的优势。实景三维模型的特点如下：

① 通过对倾斜影像的特征点进行提取和匹配构建实景三维模型。

② 实景三维模型完整、位置准确，与获取的航空影像表现一致。

③ 结构实景三维模型精确反映结构及外轮廓的基本特征，在 200m 视点高度浏览模型，没有明显的拉伸变形或纹理漏洞，不存在贴图模糊与拉伸变形的缺陷。

（2）激光雷达三维建模

激光雷达是用激光器作为辐射源的雷达，是激光技术和雷达技术相互结合的产物，由接收器、发射器、天线、信息处理以及跟踪架组成。其中，接收器是采用各种形式的光电探测器，比如半导体光电二极管、光电倍增管、红外和可见光多元探测器、雪崩光电二极管等。发射器是各种形式的激光器，如半导体激光器、二氧化碳激光器及波长可调整的固体激光器等。对信息处理以及跟踪架本书不作介绍。根据载物平台不同，激光雷达可分为车载激光雷达、机载激光雷达、星载激光雷达。

激光雷达系统主要由以下几部分组成：激光扫描仪，主动测量传感器到被测物的距离；差分 GPS（全球定位系统），分为地面 GPS 和机载 GPS，主要用来获得坐标信息；IMU（惯性测量单元），激光雷达工作时，IMU 用于记录各种姿态参数（侧滚角、航偏角、俯仰角）；数码相机，提供激光雷达不能得到的被测物侧面纹理信息。激光雷达工作时，由激光器发射的波和被测物体反射波之间的相位差确定被测物体与激光器之间的距离，同时，由 GPS 接收机得到扫描仪的位置，由 IMU 测出激光扫描仪的姿态，根据几何原理得到激光采样点的三维坐标。

激光雷达在完成扫描后获得的数据包含激光扫描仪测量距离数据、差分 GPS 数据、IMU 记录姿态参数。根据上述三种数据，通过几何计算得到海量三维坐标数据，这些三维坐标数据就是被测目标的激光雷达点云数据。激光雷达点云数据包括扫描角度信息、海量的空间三维坐标信息、回波强度和回波次数。激光雷达点云数据有以下几个特点：①点云数据是一系列不规则分布的三维离散点，根据被测物不同，得到点云数据分布是不同的。②激光雷达点云数据与二维数据相比，具有精准的高程信息，垂直分辨率很高。但是，激光雷达并不能得到被测物的侧面纹理信息，所以机载激光雷达多与数码相机集成使用，从而得到被测物纹理信息。③由于水域或者一些具有镜面反射的路面对激光有吸收作用，所以在扫描城市时，水域和具有镜面反射的路面没有回波测距值，也就是点云数据缺少回波点。④实际应用激光雷达进行扫描时，由于被测物纹理、数码相机的非线性误差、分辨率等因素影响，海量的三维坐标数据不可避免地存在噪声点。

基于激光雷达技术以及点云数据的特点，需对点云数据进行处理和提取才能有效地完成建模。激光雷达扫描得到的点云数据不仅有目标物体的点云，还有周边物体点云，例如植被、路面和非地面点等。对扫描得到的海量点云数据，结合光谱信息、回波次数、回波强度，对点云数据过滤和分类，剔除海量点云数据中的噪声，点云数据经过滤波后可分为非地面点和地面点，地面点直接生成 DEM（数字高程模型）。根据各种物体特点提取桥梁点云，进行模型三维重建。

第二节 基于 BIM 的桥梁施工虚拟仿真

在传统的建筑工程中，优化和选择建筑工程中的施工方案是施工人员建立在施工经验上的结果，但存在一定局限性。虚拟仿真技术则更加直观科学地展现出不同施工组织措施和施工方法的效果。工作人员可借助虚拟仿真技术模拟和优化施工方案，提前发现施工管理中关于安全、质量的隐患，同时，提供有效的强化和预防措施，提升施工现场的管理水平和工程施工质量。

基于 BIM 的桥梁施工虚拟仿真内容包括：统计 BIM 数据；结合工程造价，实现项目成本估算。在 BIM 的基础上，扩充时间维度，实现施工过程的四维模拟。在主体结构的施工模拟基础上，结合物料进出信息，实现施工现场管控。通过施工四维模拟发现问题，提前解决问题和调整施工进度，得到优化后的施工方案。基于 BIM 的桥梁施工虚拟仿真如图 2-5 所示。其中，"发现问题""解决问题"非本章的研究重点。

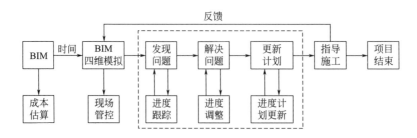

图 2-5 基于 BIM 的桥梁施工虚拟仿真

1. 项目成本估算

在桥梁三维模型的基础上，编制进度计划。首先，提取工程量；其次，采用造价软件（以纵横公路造价软件为例），对提取的工程量进行资源估算和成本概（预）算，消耗分析；最后，编制预算报表。

（1）提取工程量

以上部结构护栏为例，提取的工程量清单如图 2-6 所示。用 BIM 技术将桥梁各个构件的信息储存在计算机内，供随时读取，必要时，进行工程量统计。当构件发生变化，工程量随之改变，避免纸质图样在核查工程量的过程中出现错误。这些汇总的工程量有利于在方案拟定阶段进行成本估算，方便方案比选。在施工过程中，在工程量提取的基础上实行限额领料，实现材料管理。在施工结束后，最终数据可直接用于工程量决算。

〈结构框架明细表2〉		
A	B	C
族	结构材质	体积(m³)
桥梁护栏		91.79
桥梁护栏		79.72
HW道路	默认为新材料	5.11
HW道路	默认为新材料	13.53
桥梁护栏		60.97
桥梁护栏		105.88
桥梁护栏		30.29
桥梁护栏		30.85
桥梁护栏		60.38
桥梁护栏		93.71
桥梁护栏		108.46
桥梁护栏		31.44

图 2-6 提取的上部结构护栏工程量清单

（2）资源估算和成本概（预）算

以纵横预算软件为例，对某桥梁进行资源估算，并在此基础上编制成本概（预）算表。以该桥梁工程的上部结构箱梁预制部分为例，分项工程预算表如图 2-7 所示。

用软件进行资源和成本预算的主要步骤如下：

① ［新建］→选择预算→ ［项目管理］→项目属性设置。

② ［费率］：根据费率标准和具体施工情况选择费率参数。

项目名称：钢筋混凝土箱涵　　单位：m　　数量：63.000　　单价：76719.69　元　　摊消费：　元　　标表4-3

代号	工程项目			现浇箱涵			现浇箱涵			混凝土			钢纤维混凝土		
	工程细目			现浇混凝土箱涵净空(3.0m+7.0m+3.0m)×4.2m			现浇钢筋箱涵净空(3.0m+7.0m+3.0m)×4.2m			墩、台槽混凝土泵送钢模			人工铺筑钢纤维混凝土路面厚度8cm		
	定额单位			10m³实体			1t钢筋			10m³实体			1000m²路面		
	工程数量			277.200			432.917			0.260			0.895		
	定额表号			4～6～7～3，定额×0.900，改			4～6～7～6，定额×0.935，改			4～6～3～4			2～2～17～7+8×8.0，改		
	工料机名称	单位	单价(元)	定额	数量	金额(元)	定额	数量	金额(元)	定额	数量	金额(元)	定额	数量	金额(元)
1	人工	工日	42.88	16.038	4445.734	190633	10.846	4695.419	201340	14.100	3.666	157	140.900	126.049	5405
101	原木	m³	1339.19	0.011	3.049	4083				0.029	0.008	11			
102	锯材木中板厚19～35mm	m³	1647.20	0.012	3.326	5479				0.052	0.014	23	0.027	0.024	40
111	光圆钢筋直径10～14mm	t	3238.58										0.003	0.003	10
112	带肋钢筋直径15～24mm，25mm	t	3341.25				0.920	398.284	1330766						
182	型钢	t	3495.26	0.006	1.663	5813				0.019	0.005	17	0.018	0.016	56
191	钢管	t	4675.96	0.002	0.554	2590									
225	钢纤维	t	4102.56										3.975	3.556	14589
231	电焊条	kg	5.56				4.129	1787.515	9939						
272	组合钢模板	t	4102.56	0.014	3.881	15922				0.028	0.007	29			
273	门式钢支架	t	4102.56	0.002	0.554	2273									
651	铁件	kg	4.27	5.589	1549.271	6615				44.900	11.674	50			
656	20～22号铁丝	kg	5.81				1.975	855.011	4968						
832	32.5级水泥	t	321.83							4.368	1.136	366	3.284	2.938	946
833	42.5级水泥	t	358.13	3.561	987.109	353513							38.434	34.383	12314
851	石油沥青	t	2776.57										0.008	0.007	19
866	水	m³	2.50	9.720	2694.384	6736				18.000	4.680	12	13.000	11.630	29
899	中(粗)砂	m³	131.34	4.625	1282.050	168384				5.820	1.513	199	52.238	46.732	6138
951	碎石(2cm)	m³	111.58	5.783	1603.048	178868							56.304	50.370	5620

注：表中金额四舍五入。

图 2-7　分项工程预算表

③［造价书］→新建［项目表］→确定分项项目名称→［定额选择］→输入实际工程量，定额计算→［定额调整］。

④［工料机］→确定工料机价格，计算材料预算与机械台班价格。

（3）编制预算报表

在编制预算报表时，需要考虑的施工条件包括：是否有夜间施工项目、主副食运费补贴综合里程 30km、施工队伍调遣费按 100km 计算、综合税率按 3.41％计算、工程造价年增长率按 5％计算、桥梁工程主要建筑材料以当地市场价格为准。

2. 4D 施工进度模拟

将时间维度赋予三维模型，形成四维模型，按照时间进程动态演示项目的施工过程，实现基于 BIM 技术的 4D 施工进度模拟。施工进度模拟流程（4D）见图 2-8。

图 2-8　施工进度模拟流程（4D）

以 Navisworks 作为 BIM 技术应用的分析软件为例，结合施工进度表进行模拟，主要工作内容及操作顺序如下：

（1）模型检查调整：通过 Revit 软件导出 NWC 文件与 Navisworks 进行软件信息交互时，可能会发生模型材质丢失的问题，此时，需要对 BIM 进行检查、修正。

（2）创建模型集合：Navisworks 通过"集合"的概念管理模型，在进行施工过程仿真模拟之前，需要创建并管理 BIM 的各个组件集，使得每个组件或组件组合与集合相互对应，以便在随后的施工模拟中通过集合的方式与施工动画进行关联，如图 2-9 所示。

（3）创建施工动画：使用软件中的 Animator 功能创建桥梁各组件动画，进行桥梁施工过程的动画制作，包括构件缩放、挂篮移动等。创建施工动画如图 2-10 所示。

Lumion 作为众多 BIM 软件中的一种三维可视化工具，可将建筑信息模型和真实场景完全结合，具有动态实时的交互效果，可以获得更加真实的体验感。常用 BIM 可视化功能软件对比见表 2-2。

图 2-9　创建模型集合

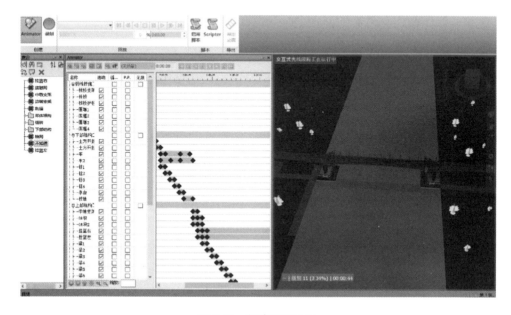

图 2-10　创建施工动画

常用 BIM 可视化功能软件对比

表 2-2

软件名称	对计算机硬件要求	操作难度	渲染效果	动态模型	常用功能
Lumion	中等	简单	清晰	有	动画制作
Revit	较低	简单	一般	无	三维建模
3Dmax	较高	高	清晰	无	动画制作
Navisworks	较低	简单	一般	有	施工模拟

借助 Lumion 可视化软件，可以在虚拟场景中对桥梁模型进行方案演示，强大的三维可视化功能为工程项目提供了方便的施工视频。在制作动画时，通常将 Revit 软件中的 3D 模型导出为 FBX 文件格式与 Lumion 进行信息交互。在 FBX 文件导入 Lumion 时可能会发生材质丢失的问题，此时，需要对模型单独进行材质附加，并存储相关信息，确保材质与原模型的统一。同时，Lumion 软件内还带有丰富的资料库，包括人物、植物、交通工具，以及各种地表的材质，可以根据需要对模型选取适合的材质进行贴图，达到最佳效果。Revit 与 Lumion 三维模型交互见图 2-11。

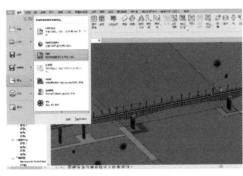

(a) Revit 导出 FBX 文件   (b) 对模型进行材质赋予

图 2-11　Revit 与 Lumion 三维模型交互

在 Lumion 中设置日光、水体、草坪等环境变量，进行桥梁整体渲染。利用 Lumion 的实时漫游技术对模型、场地进行漫游观察，对工程项目设计的合理性以及对现场防护的安全性进行可视化分析。通过对忽略或遗忘的安全措施重新布置，达到完善、优化施工方案的目的。Lumion 的渲染成果见图 2-12。

在完成 Navisworks 的施工模拟动画与 Lumion 的渲染漫游动画后，可以通过 Premiere 软件对其进行编辑处理，完成视频制作。将基于 BIM 软件的可视化

图 2-12 Lumion 的渲染成果

应用成果进行整合，可以增加各方协作的工作效率，提高项目视觉展示效果，对 BIM 理念的发展具有很好的推动作用。Premiere 软件视频编辑见图 2-13。

图 2-13 Premiere 软件视频编辑

3. 施工现场管控

在桥梁工程项目施工准备过程中，通过 BIM 合理完成材料、设备的采购，以及施工场地的布置。施工场地布置一般包括材料、机械、建筑物、厂房、库房、道路、管线、照明、安全设施等布设。通过合理划分施工区域、布置施工现场，将各种设施、材料的空间关系和相关工作结合，可以节省材料、节约场地，加快工程总体进度。

（1）BIM 三维立体可视化布设

BIM 三维立体可视化布设解决了传统平面图样画面杂乱、难以区分大量信息和线条的问题。基于三维漫游技术，使施工场地布置可视化且层次分明，降低识图难度，提高工作效率。借助 Autodesk Navisworks 2016 软件对桥梁结构进行施工组织动画制作并输出成果，完成施工模拟。通过建立三维实体模型，创建动画，完成动画漫游、施工演示、施工现场布置、临时设施规划等，提高现场施工工作效率。在整个建造过程中，通过信息采集和对比，可测试和比较不同施工方案，及时进行施工方案优化，完成工程项目进度监控。

（2）施工现场设施和材料布置模拟

施工现场模拟图如图 2-14 所示。对施工现场设施和材料布置进行模拟，管控临时设施的建设起止时间，以及对场地的占用情况，对项目现场进行合理布置，可加快材料周转，方便机械使用，提高场地利用率，加快施工进度。

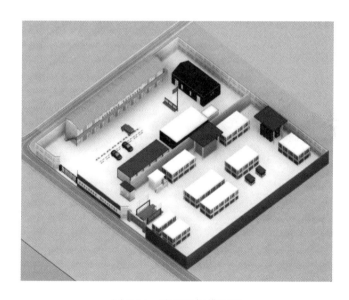

图 2-14　施工现场模拟图

（3）物料运输过程可视化

通过 BIM 技术模拟该桥梁工程预制构件安装，记录每个构件尺寸、规格、材质等相关标识参数，实现现场物资可视化管理。物料运输模拟图如图 2-15 所示。

(a) 水泥运输车模拟图

(b) 半挂车运输模拟图

(c) 物料运输模拟图

图 2-15　物料运输模拟图

4. 桥梁施工进度管理

传统的横道图、甘特图可视化程度低，用于进度管理时效率低下。基于 BIM 技术的 4D 施工进度管理，通过将 BIM 模型与施工进度计划结合，在 4D 模型中整合空间信息与时间信息，模拟施工全过程，协助制订合理的施工进度计划。具体可实现以下应用：

（1）掌握施工进度

基于 BIM 技术进行预施工，通过动画形式直观地展示关键工序施工流程与全桥施工过程，有利于管理人员提前对施工过程的工作进行合理的规划，把握施工进度。

（2）安排人材机的供应

在利用 BIM 技术进行 4D 施工进度模拟的同时，可添加劳动力、材料、机械设备等的使用情况，管理人员可以从模拟过程中获取相关信息，进而提前安排人材机的供应。

第三节　工程案例

1. BIM 精细化模型应用

连镇高速铁路是一条连接江苏省连云港市和镇江市的高速铁路，是贯通苏南、苏中、苏北的重要通道，也是苏中、苏北铁路网的重要组成部分。其中，线路跨越沂河西大堤时采用（40＋72＋40）m 连续梁，如图 2-16（a）所示。该桥采用平衡悬臂挂篮法施工，0 号块、边跨现浇段均采用落地支架体系施工，其余梁体采用特制三角挂篮悬臂对称浇筑。跨新沂河采用（48＋80＋48）m 连续梁，如图 2-16（b）所示，采用钢管桩、贝雷架和盘扣支架搭设的满堂现浇施工。为方便新沂河中段施工需求，采用钢管及贝雷架等施工设施搭设 6m 宽钢栈桥。河岸简支梁跨度为 32m、24m、20m，预制后均采用架桥机架设施工。

(a) 跨越沂河西大堤　　　　　　　　　　　　　(b) 跨越新沂河

图 2-16　新沂河特大桥

（1）预应力孔道放样

大跨度混凝土连续梁依赖预应力钢束以达到全截面受压状态，预应力工程是大跨度连续梁施工的重中之重，其施工质量关系大跨度连续梁桥施工安全及运营耐久性。预应力孔道放样是预应力施工的重要一环，预应力筋线形关乎连续梁上部结构受力，影响全桥结构安全。因此，预应力孔道放样必须满足设计图纸要求。

目前，预应力孔道放样依赖施工图纸的施工截面预应力孔道图。然而，在实际实施时常存在以下问题：①某些桥梁施工图纸仅给出部分桥梁施工截面的预应力孔道图，对其需进一步深化。②对于预应力曲线特别是空间曲线，根据图纸中平曲线和竖曲线的协调量测，由于其工作量巨大，易出错。

针对预应力筋孔道放样施工存在的问题，以跨沂河西大堤连续梁桥为依托，基于 BIM 开展深化预应力孔道放样流程的研究与应用（图 2-17）：①校核桥梁上部结构模型以及预应力孔道模型。②使用"剖切"命令剖切定位截面，剖切控制点包括箱梁节段端部截面、预应力曲线起/终弯截面等。③利用测量功能标注定位截面的孔道位置。④输出预应力筋孔道放样图。基于 BIM，通过剖切多组定位截面即可满足预应力孔道特别是空间预应力孔道的精准定位，避免传统依赖人工处理而带来精度和效率的不足，实现了模型的落地应用。

（2）垫石预埋孔出图

新沂河特大桥简支梁使用架桥机架设，需根据图纸绘制大量桥墩垫石预埋孔施工图。传统的预埋孔施工图绘制工作通常是施工人员在施工某桥墩垫石前，根据标准图和相应参数绘制桥墩垫石预埋孔施工图。该工作模式要求技术人员逐墩

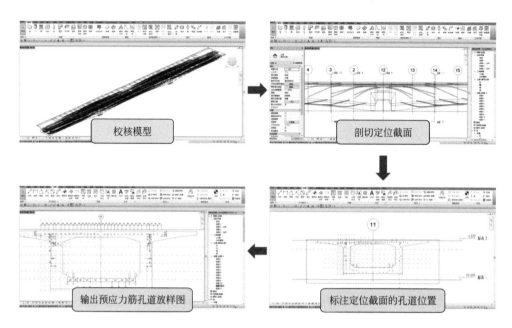

校核模型

剖切定位截面

输出预应力筋孔道放样图

标注定位截面的孔道位置

图 2-17　基于 BIM 的预应力筋孔道放样流程

绘制垫石预埋孔施工图的同时，避免绘图错误。

　　利用 BIM 技术的参数化特性提升桥墩垫石预埋孔施工图的绘制效率和质量，实现一张标准图和桥墩垫石预埋孔参数联动，达到自动批量出图的效果。首先，基于垫石预埋孔信息表，设计并确定预埋孔图纸参数；其次，根据设计参数建立参数化的垫石预埋孔族，并与参数文件一同导入项目文件，可自动批量生成桥墩垫石预埋孔施工定位图纸，如图 2-18 所示。

　　参数化建族过程应遵循"由大到小，由主到次"原则。将墩帽、垫石尺寸大且边界具有参照定位功能的构件参数化，在此基础上进一步确定预埋孔、中心线等构件的参数设计。因涉及参数较多，桥墩垫石预埋孔参数化建族后，应对其逐项测试，避免参数驱动失败。

　　基于 BIM 技术的桥墩垫石预埋孔出图实现了图形和尺寸标注随参数可变，可快速、精准、批量绘制图纸。高铁桥墩垫石预埋孔施工在铁路线中体量大、数量多，在高铁桥梁施工中具有广泛的前景。

　　（3）满堂支架施工及算量

　　满堂支架包含多种型号杆件搭设，工程技术人员准确高效地为施工人员传递满堂支架设计意图，是满堂支架结构安全的基本保障。同时，满堂支架涉及的物资工程量是进行物资采购、工程款结算的重要依据，需精准统计各项材料的型号

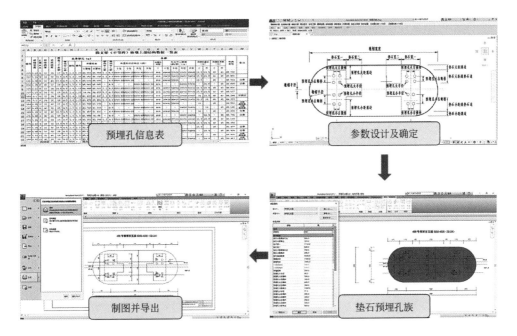

预埋孔信息表　　参数设计及确定

制图并导出　　垫石预埋孔族

图 2-18　桥墩垫石预埋孔施工定位图纸

与数量。

　　BIM 技术为满堂支架的方案表达和工程算量提供了一套全新的手段，通过材质颜色区分不同杆件及规格（本书黑白印刷，未表现不同颜色），如图 2-19（a）所示。立杆 1.5m、1.0m 和横杆 0.9m、0.6m 在实际软件中采用黄色、紫色、红色和青色区分，方便施工人员快速了解满堂支架搭设方案，提高施工效率。利用软件明细表功能可分类、分项统计支架数量，亦可利用过滤器功能看见如图 2-19（b）所示的支架数量。

　　满堂支架施工 BIM 的应用，相比传统工作模式依赖的二维图纸，直观区分了满堂支架的杆件型号和尺寸，实际施工时可分层调取支架模型以指导安装；满堂支架工程量统计 BIM 的应用，相比传统人工计算结果更精确、高效。满堂支架体系杆件规格、大小不一，数量较多，模型计算精度依赖计算机性能，一定程度上制约了支架工程量统计 BIM 的应用，可通过减少支架模型细节提升软件运行效率，亦可分段建模，降低模型对计算机内存的需求。

　　（4）碰撞检查

　　钢筋碰撞检查需建立包含普通钢筋、预应力管道的精细化箱梁 BIM，通过模拟钢筋、预应力管道的排布进行预施工，指导实际施工时钢筋放样。图 2-20 为

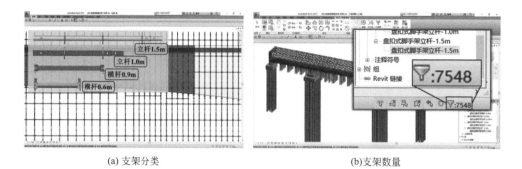

(a) 支架分类   (b)支架数量

图 2-19　满堂支架工程量统计

箱梁钢筋与预应力管道排布模拟。

图 2-20　箱梁钢筋与预应力管道排布模拟

　　在模型建立完成后，将其导入 Naviswork 软件中对钢筋及预应力管道的位置进行碰撞检查，找出普通钢筋与普通钢筋、普通钢筋与预应力管道的碰撞交叉点，进而对钢筋排布和预应力管道位置进行调整优化。在碰撞检查完成后，Navisworks 软件自动将每一个碰撞部位拍照记录，方便用户清晰查看。箱梁碰撞检查结果如图 2-21 所示。

　　在得到碰撞报告后，可依据报告返回 Revit 软件平台对原模型进行调整优化，并再次进行碰撞检查，通过不断重复以上步骤优化钢筋排布方案，校核设计方案。依据碰撞结果进行碰撞原因分析，形成碰撞分析表（表 2-3），用于实际施工交底及碰撞情况追踪。

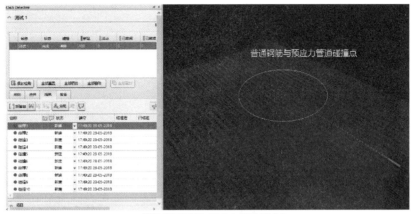

(a) 箱梁普通钢筋与预应力管道碰撞点

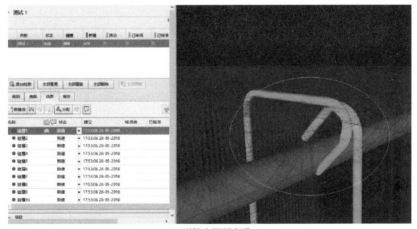

(b) 碰撞点细部查看

图 2-21　箱梁碰撞检查结果

箱梁碰撞分析表示例　　　　　　　　　　　　表 2-3

序号	碰撞双方		内容描述	处理办法
1	T6 预应力束	0 号块 10c 号箍筋（建模软件中钢筋模型偏差）	T6 预应力束管道与 0 号块中间 10c 号箍筋碰撞	例：微调该处 10c 号箍筋位置 20mm

　　基于 BIM 技术进行钢筋碰撞检查分析能够改正设计漏洞，减少返工，避免造成材料浪费，并提高施工效率，保证工程质量。

2. 施工虚拟仿真应用

　　在连云港至徐州高铁 LXZQ-Ⅲ标一分部施工范围内，新沂特大桥于 DK105＋

550.9 处采用（48＋80＋48）m 连续梁（472 号～475 号墩）跨越沂河，沂河水面宽度 150m。该连续梁采用单箱单室，为直腹板、变截面、变高度结构形式，施工方法为采用特制三角挂篮法悬臂对称浇筑。

本连续梁桥全长 177.5m，计算跨度取（48＋80＋48）m，中支点处梁高 6.635m，跨中 9m 直线段及边跨 13.25m 直线段截面中心线处梁高 3.835m，梁底下缘按二次抛物线变化。边支座中心线至梁端 0.75m，梁缝分界线至梁端 0.1m。边支座横桥向中心距 5.3m，中支座横桥向中心距 5.8m。防护墙内侧净宽 9m，桥梁宽 12.6m，桥梁建筑总宽 12.9m。

连续梁共分 47 个梁段，包含 2 个 0 号块、40 个悬浇段（1～10 号段）、2 个边跨现浇段、2 个边跨合龙段和 1 个中跨合龙段。中支点 0 号块长度为 12m，悬浇段纵向分段长度为 2×2.7m＋1×3.1m＋7×3.5m，合龙段长度为 2m，边跨现浇段长度为 7.75m。连续梁块段划分布置图如图 2-22 所示。

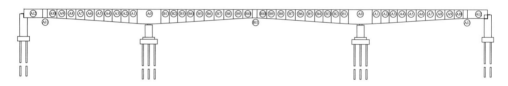

图 2-22　连续梁块段划分布置图

（1）可视化施工模拟

1）施工可视化

以连续梁桥的结构模型、场地综合模型、钢筋模型、施工子模型等为基础，进行连续梁桥施工方案模拟。连续梁桥变截面箱梁施工过程复杂，施工步骤烦琐，有效地将施工信息传递给施工各方，大幅提高施工效率，缩短工期。基于 BIM 实现桥梁施工可视化，可为施工过程中各参与方的协同工作、交流沟通带来便利，如图 2-23 所示。

2）施工场地布置模拟

沂河连续梁桥位于江苏省新沂市草桥镇与港头镇交界处。为在实际施工中使施工场地布置能够适应动态变化，基于 BIM 技术对场地布置进行模拟。应用 Autodesk Revit 软件建立施工围挡、加工车间、场地道路、施工机械设备等施工场地模型，通过不断调整各临时设施的布局进行最佳施工场地布置模拟，并规划场地临时道路以合理安排施工机械进出场地，如图 2-24、图 2-25 所示。

在进行施工场地布置时，要求平面布置合理、紧凑，尽量减少施工用地；同时，应合理组织运输，将材料按计划分期、分批进场，避免材料的二次搬运。减

(a) 连续梁桥结构模型可视化

(b) 场地—全桥综合模型可视化

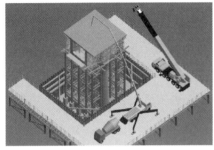
(c) 施工阶段可视化

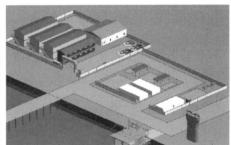
(d) 施工场地布置可视化

图 2-23　基于 BIM 实现桥梁施工可视化

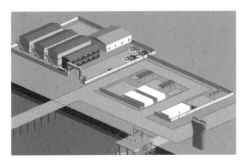
(a) 施工场地远视图

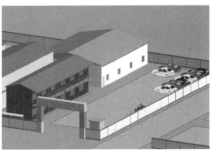
(b) 施工场地近视图

图 2-24　基于 BIM 技术的施工场地布置模拟

少各工种的相互干扰，尽量少搭设临时设施。在进行施工场地布置模拟时，充分考虑对场地划分需求，主要划分为生活区和施工区：办公楼靠近施工现场，便于管理人员工作；宿舍区远离施工区，避免施工对人员休息造成影响，且设有活动场地供工人活动；水泥库房与砂石堆场靠近混凝土搅拌站，钢筋加工区与木加工

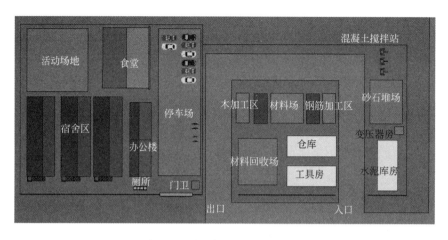

图 2-25 施工场地布置模拟详图

区分开，分别设有材料场、成品堆场、材料回收场、仓库。

　　基于 BIM 技术对施工场地进行模拟布置，可直观地反映施工现场情况，合理地规划施工场地，提高施工过程中材料、设备的运转效率，减少场内材料二次搬运情况的发生，提高材料利用率。车辆进出路线安排如图 2-26 所示。

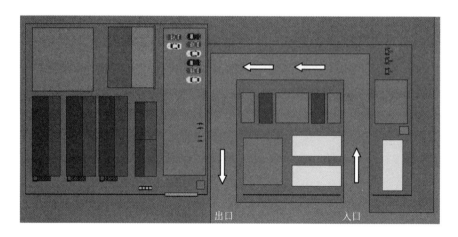

图 2-26 车辆进出路线安排

　　3）连续梁桥箱梁施工方案模拟

　　本工程变截面箱梁施工时，对 0 号块支架、边跨现浇段采用落地支架体系施工，待 0 号块支架施工完成后，对 1～10 号挂篮悬臂浇筑段（简称挂篮悬浇）进行施工模拟。利用施工动画进行交底时需要电子产品作为媒介，在施工现场较少使用。本章拟采用 3D 文档形式，基于建立的 BIM 施工子模型，对变截面箱梁施工方案进行模拟，从而得到 0 号块支架、边跨现浇段支架施工、1～10 号块挂篮悬浇段施工、合龙段吊架施工预备方案。通过预判施工过程潜在问题，不断优化调整施工方案，最终获得最优施工方案用于指导实际施工。

通过图文结合、直观高效地传递丰富的施工信息，便于施工人员理解施工流程。本节以 3D 文档形式对落地支架法与挂篮施工两项施工方案进行模拟。

① 0 号块支架施工模拟

施工流程如下：测量墩顶中线、高程，检查桥墩预埋件→安装临时及永久支座→搭设钢管支架，安装临时固结体系→安装底模板、外侧模板→调整支架预压、模板标高→绑扎底板、腹板、隔板钢筋，安装预应力管道→安装内模板→安装封头模板→绑扎顶板钢筋及安装预应力管道→浇筑、养护混凝土。

按照上述流程进行施工模拟并形成 0 号块支架施工 3D 文档，如表 2-4 所示。

0 号块支架施工 3D 文档

表 2-4

流程	3D 文档图	施工说明
1		测量墩顶中线、高程，检查桥墩预埋件
2		安装临时及永久支座：连续梁支座采用球形钢支座，安装前对支座的规格、型号，支座所对应支撑垫石的位置进行检查和核对；支座顶面四角高差不大于 2mm，确保支座受力均匀

流程	3D 文档图	施工说明
3		搭设钢管支架,安装临时固结体系:在承台预埋钢板上焊接直径 630mm×10mm 的钢管桩,中间加焊[10a 槽钢作为纵、横向剪刀撑;在钢管顶部横向布置一道长度 13.8m 的双拼 I45b 工字钢作为承重梁;在承重梁顶上纵向铺设长度 7m 的 I32b 工字钢
4		安装底模板、外侧模板:侧模板采用型钢模板,侧模板的下口由两根纵向双拼 I32B 工字钢支撑,两根双拼 I32 工字钢纵向设置在钢管的承重梁上
5		调整支架预压、模板标高:预压用砂袋分区均布加载,由 50t 汽车吊完成砂袋的垂直运输;调整模板标高时,保证在误差允许范围内
6		绑扎底板、腹板、隔板钢筋,安装预应力管道:接长波纹管时需用大一号的管道套接,套接长度不小于 35cm,接头要平顺,外用胶布缠牢,保证不漏浆

流程	3D 文档图	施工说明
7		安装内模板:内模板为 15mm 厚标准竹胶板;纵桥水平方向由两根钢管通过 M16 对拉螺杆和外模板固定
8		安装封头模板:控制好所立模板标高;保证接缝紧密、不漏浆,在接缝处夹贴双面胶带止浆;预留孔洞位置须准确
9		绑扎顶板钢筋及安装预应力管道:安装时,确保钢筋骨架位置准确,误差符合规范要求;预应力管道应保持平顺
10		浇筑、养护混凝土:浇筑前检查模板、支架、底板标高;混凝土等级 C50,泵送连续浇筑,一次成形,坍落度(160±20)mm,施工中需采取缓凝措施;养护期不少于 14d;强度达到 2.5MPa 时,可拆除封头模板和非承重模板,达到设计强度 75%时,可拆除其他模板

② 边跨现浇段支架施工模拟

施工流程如下：搭设钢管支架→铺设底模板→预压支架→安装侧模板→绑扎底、腹板钢筋及安装预应力筋→安装内模板→安装封头模板→绑扎顶板钢筋及安装预应力筋→浇筑、养护混凝土。

按照上述流程进行施工模拟，边跨现浇段支架施工 3D 文档如表 2-5 所示。

边跨现浇段支架施工 3D 文档　　　　　　　　　　　　　　表 2-5

流程	3D 文档图	施工说明
1	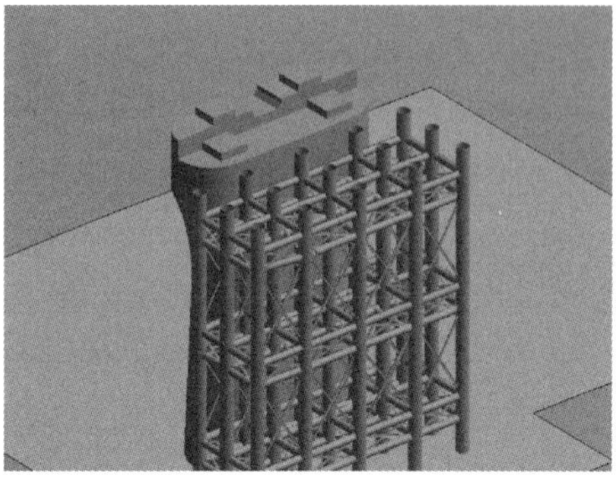	搭设钢管支架:在承台预埋钢板上焊接直径 630mm×10mm 的钢管桩,中间加焊 [10a 槽钢作为纵、横向剪刀撑;钢管顶部横向布设一道长 13.5m 的双拼 I40b 工字钢作为承重梁;承重梁顶上纵向铺设 I22b 工字钢;在工字钢顶上再横向按中心间距 25cm 铺设 10cm×10cm 方木
2		铺设底模板:略
3		预压支架:预压位置如左图所示;采用预制块堆载预压,逐级加载、卸载,做好测量记录

流程	3D 文档图	施工说明
4		安装侧模板:采用型钢模板,侧模板的下口由两根纵向双拼 I32B 工字钢支撑,将两根纵向双拼 I32 工字钢设置于钢管上的承重梁上
5		绑扎底板、腹板钢筋及安装预应力筋:略
6		安装内模板:采用 15mm 厚标准竹胶板;纵桥水平方向由两根钢管通过 M16 对拉螺杆和外模板固定
7		安装封头模板:控制好立模标高;保证接缝紧密、不漏浆,在接缝处夹贴双面胶带止浆;预留孔洞位置须准确

流程	3D 文档图	施工说明
8		绑扎顶板钢筋及安装预应力筋:安装时,确保钢筋骨架位置准确,误差符合规范要求
9		浇筑、养护混凝土:略

③ 1~10 号挂篮悬浇段施工模拟

施工流程如下:挂篮安装、调试与锚固→外侧模板就位→绑扎底板、腹板钢筋及安装预应力管道→安装内模板→绑扎顶板钢筋,安装预应力管道并检查验收→混凝土浇筑、养护→预应力张拉,管道压浆→节段施工验收。

按照上述流程,进行施工模拟,1~10 号挂篮悬浇段施工 3D 文档表如表 2-6 所示。

1~10 号挂篮悬浇段施工 3D 文档表　　　　　　　表 2-6

流程	3D 文档图	施工说明
1		挂篮安装、调试与锚固:拼装作业在高空进行,工作面小,拼装前必须做好充分的准备;1 号块挂篮使用前需要预压

流程	3D 文档图	施工说明
2		外侧模板就位:采用整体钢模板
3		绑扎底板、腹板钢筋及安装预应力管道
4		安装内模板:内模板由 15mm 厚标准竹胶板和 10cm×10cm 方木及直径 48mm 钢管组成
5		绑扎顶板钢筋,安装预应力管道并检查验收:注意保护好预留的波纹管,波纹管一旦损坏将造成后续节段波纹管连接困难,容易漏浆

流程	3D 文档图	施工说明
6		混凝土浇筑、养护:浇筑时,安排专人检查挂篮、模板的稳固情况;振捣混凝土时,注意振动棒远离预应力管道
7	预应力张拉	预应力张拉:1号、2号块采用纵向和竖向预应力体系,其他悬浇段采用纵向预应力体系;纵向预应力应采用两端同步张拉,并左右对称进行,最大不平衡束不应超过1束,张拉顺序为:先腹板束,再顶板束,后底板束,从外到内左右对称进行。竖向预应力采用二次张拉工艺 管道压浆:略
8		节段施工验收

④ 合龙段吊架施工模拟

一共有 3 个合龙段:2 个边跨合龙段和 1 个中跨合龙段。合龙顺序为:先边跨,后中跨,合龙同时逐跨进行结构体系的转换。施工主要流程为:安装挂篮→检查、校正悬臂端中线高差→安装侧模板及底模板→安装底板、腹板钢筋,安装预应力管道→安装内模板→绑扎顶板钢筋,安装预应力管道→浇筑、养护混凝土→预应力筋张拉,管道压浆→拆除挂篮。

按照上述流程,进行施工模拟,形成 3D 文档表如表 2-7 所示。

合龙段吊架施工 3D 文档表　　　　　　　　　　表 2-7

流程	3D 文档图	施工说明
1		安装挂篮:合龙段吊架采用三角挂篮
2		检查、校正悬臂端中线高差:在距合龙口 2～3 个梁段施工时,开始贯通测量,保证合龙口两悬臂端的中线、高程偏差在允许范围内
3		安装侧模板及底模板:当悬挂完成 10 号梁段后,通过挂篮将底模板和侧模板移动到预定位置
4		安装底板、腹板钢筋,安装预应力管道:略

流程	3D 文档图	施工说明
5		安装内模板：内模板采用 15mm 厚的 244cm×122cm 竹胶板面板，支撑体系采用 ϕ48×3.0mm 普通钢管支架和 10cm×10cm 方木组合拼装而成
6		绑扎顶板钢筋，安装预应力管道：略
7		浇筑、养护混凝土：略
8		预应力筋张拉，管道压浆：略

流程	3D 文档图	施工说明
9	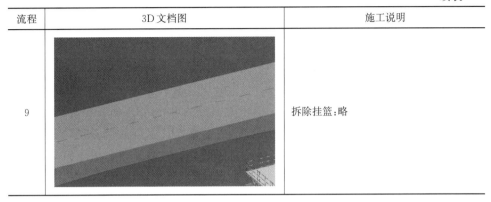	拆除挂篮:略

（2）4D 施工进度管理

4D 施工进度模拟通过不同视点展示全桥施工流程及关键工序，以动画的直观形式进行展示，相关人员可看到不同时间内所进行的施工作业情况。图 2-27 为本工程 4D 施工进度模拟动画部分截图。

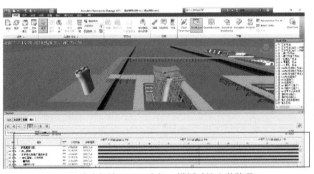

(a) 0 号块支架施工——支架、模板系统安装阶段

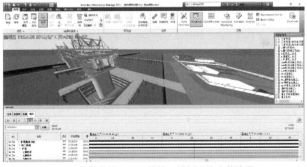

(b) 1 号块挂篮施工——挂篮、模板系统安装阶段

图 2-27 4D 施工进度模拟动画部分截图（一）

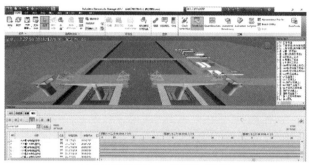

(c) 全桥施工进度——挂篮施工状态

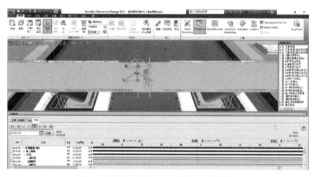

(d) 全桥施工进度——中跨合龙状态

图 2-27　4D 施工进度模拟动画部分截图（二）

　　基于 BIM 进行高铁连续梁桥 4D 施工进度模拟，可通过在实际施工前预演施工流程合理安排施工进度。按照项目施工特点建立 4D 施工进度模型，可比选最优施工方案、合理供应施工资源、避免或减小分包不协调的影响等。施工人员可通过 BIM 施工进度模拟动画快速理解专项施工技术，尤其是施工难度大或施工过程烦琐的工序，而施工人员理解程度的加深和熟悉速度的提高，可有效加快施工进度、降低施工风险的发生概率，保障工程质量。

第四节　本章小结

　　本章介绍了基于 BIM 的桥梁施工虚拟仿真技术的实现流程和主要应用。首先，利用 BIM 参数化的特性对桥梁的主体结构进行高效建模，在此基础上对桥梁施工全过程进行虚拟仿真，实现进度管理和现场管控等功能。其次，将施工进度信息与相应构件模型关联，实现 4D 可视化施工模拟。最后，以跨越沂河西大堤连续梁桥和新沂特大桥为例，介绍基于 BIM 桥梁施工虚拟仿真技术的具体实现方法。具体结论如下：

（1）主体结构的建模除了常规方法外，对形状规则的构件可采取参数化建模，可较大程度地提高建模效率。若场地环境较为复杂，且与后续施工信息交互少，可采取扫描的方法自动生成模型。

（2）在 BIM 模型的基础上，统计构件及材料信息，提取项目工程量，可估算资源和造价。将 BIM 和施工方案结合，可视化施工现场布设和物料运输，提升施工现场管控效率。在此基础上，将三维模型赋予时间维度形成四维模型，按照时间进程动态化演示结构施工过程，实现基于 BIM 技术的 4D 施工进度模拟，可模拟施工过程，并优化施工方案。

第三章　基于BIM的高铁连续梁桥施工有限元模拟

　　高铁连续梁桥建设通常采用分阶段逐步完成的施工方法，浅桥状态需经历一个漫长而又复杂的施工过程，以及结构体系转化过程。对施工过程中每个阶段中的变形计算和受力分析，是桥梁结构施工监控中最基本的内容。桥梁结构施工控制的目的就是确保施工过程中结构的安全，保证桥梁成桥线形及受力状态基本符合设计要求。为了达到施工控制的目的，必须对高铁连续梁桥施工过程中每个阶段的受力状态和变形情况进行预测和监控。

　　有限元法是为适应复杂的结构分析需要而发展起来的一种有效的数值分析方法。该方法是将连续体分成有限个单元、单元间相互由节点连接的理想节点系统。分析时，先进行单元分析，用节点位移表示单元内力，再将单元合成结构进行整体分析，建立整体平衡关系，由此求出节点位移。采用有限元法进行施工控制中的结构分析计算，可为实际施工监控时桥梁的线形、应力和挠度等控制目标布设监测方案提供重要依据。在进行连续梁桥施工有限元模拟时，通常先根据二维的桥梁施工图纸，在 Midas Civil、桥梁博士等桥梁有限元分析软件中建模。虽然，一般的有限元分析软件都提供了建模助手等辅助工具以提高桥梁建模的效率，但对于体型庞大、构件繁多、结构复杂的桥梁，往往建模工作量大、建模效率低。基于 BIM 的桥梁结构设计，其最大的特点是核心三维模型的建立，效果图渲染、动画演示、受力分析、图纸输出等均基于此三维模型，不同的专业人员通过共享桥梁模型信息可实现协同工作，避免不同设计阶段的重复建模。要实现从桥梁方案设计到结构有限元分析的信息传递，核心在于桥梁 BIM 向结构有限元模型的高效、自动转换。基于 BIM 的桥梁有限元模型的生成，可直接从 BIM 中自动提取包含有限元计算所需的几何、材料、荷载、约束等各方面的特性信息，在减少重复操作的同时，保证 BIM 和有限元模型几何与物理的一致性，从而实现 BIM 与有限元模型的交互，提高桥梁有限元建模效率。然而，BIM 与有限元模型的交互是 BIM 技术应用于桥梁设计过程中的难点，涉及 BIM 建模和有限元分析两类软件，其各自的数据格式、编码标准等决定了 BIM 向有限元模型转换存在一定难度。目前，市场上 Autodesk、Bentley、Dassault 等公司所提供的 BIM 建模软件，虽然具有强大的建模功能，且建模自由度高，可创建精细的三维立体可视化结构模型，但其结构计算模块功能弱，不适用于桥梁施工过程的有限元分析。基于 BIM，提取有限元分析所需结构信息并传递至有限元分析软件是实现 BIM 向有限元模型转换的一种有效手段。随着结构分析理论不断完善，为解决不同设计阶段结构模型间存在的信息断层问题，减少重复建模工作，越来越多的学者研究基于 BIM 的面向结构有限元分析的模型转换体系。从 BIM 到有限元模型的信息传递也由最初单一的桥梁截面信息，丰富到包含桥梁截面尺寸、材料、荷载、约束等不同特性的信息。虽然从 BIM 传递到有限元模型的信息种类增加，但由于模型信息量大，仍存在传递计算信息有限、模型集成性不足等问题，基于 BIM 的桥梁施工有限元模拟有待进一步研究。

综合考虑目前常用的 BIM 建模软件和桥梁施工有限元分析软件，本章将以 Autodesk Revit 和 Midas Civil 间的交互为例，介绍基于 BIM 的高铁连续梁桥施工有限元模拟。以某一高铁连续梁桥为研究对象，利用 Revit 二次开发的插件，提取结构有限元计算所需模型信息，并以 MCT 格式导入 Midas Civil 软件，实现基于 BIM 的高铁连续梁桥有限元快速建模与模型分析。

第一节　基于 BIM 的有限元模型生成方法

1. BIM 与有限元模型的转换

目前，基于 BIM 的有限元模型生成通常有两种方法：①通过 IFC（Industry Foundation Classes，工业基础类）标准格式的中间文件进行模型转换，先将 BIM 以 IFC 格式输出，再将 IFC 格式文件导入有限元分析软件，生成有限元模型，如图 3-1 所示。②通过二次开发程序接口，直接提取 BIM 的几何信息和物理信息，将提取的信息整理成有限元分析软件中有限元建模的语言格式，进而生成有限元模型，如图 3-2 所示。

图 3-1　基于 IFC 标准的模型转换

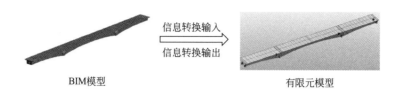

图 3-2　基于二次开发的模型转换

（1）基于 IFC 标准的模型转换

IFC 是由国际协同工作联盟 IAI（International Alliance for Interoperability）发布的国际通用的建筑产品数据表达标准。该标准的提出是为了促成建筑业中不同专业，以及同一专业中的不同软件可以共享同一数据源，从而达到数据的共享与交互。BIM 技术实现集成的一个重要前提便是数据的标准化，从目前的发展形势看，IFC 已逐渐成为 BIM 时代主导 BIM 构建的三维建筑信息交换技术标准之一，有利于在建筑项目的整个生命周期中协调沟通、提高生产力、降低成本和提高质量，为全球的建筑专业与设备专业中的流程优化与信息共享建立一个普遍意义的标准。此外，通过 IFC 进行数据转换，可用于异构系统交换和数据共享，与所采用的 BIM 软件无关，只需提供 IFC 标准的支持即可。

如今已有越来越多的建筑行业相关产品提供了 IFC 标准的数据交换接口，使得多专业的设计、管理一体化整合逐渐成为现实。然而，基于 IFC 标准的数据转换，虽然理论上可以满足结构设计的数据需求，但在实际应用中，由于各大软件厂商并未严格按照 IFC 标准格式构建数据库，而是各自拥有特定的数据库及数据库显示平台，在数据转换中不可避免地产生 IFC 读取及输出的错误或丢失信息。有学者总结发现，在基于 IFC 标准的模型转换过程中，典型的错误或难点有：①模型生成过程中构件类型改变或结构分析信息存储有误。②构件属性参数获取受限。③建筑模型向结构模型转换过程中节点处理的过程冗杂。④凹形、开洞、曲面等复杂信息处理困难。

此外，现阶段 IFC 标准主要面向工业与民用建筑，对于交通基础设施（如桥梁）还未形成完整统一的实体定义。许多具有广泛应用价值的商业有限元分析软件不支持 IFC 标准格式文件，通过基于 IFC 标准的模型转换生成的有限元模型通常也满足不了结构精细分析的要求。虽然 IFC 标准能够建立一个较为完整的标准，但其全面性也将使一些简单的数据交换变得复杂，哪怕很小的数据交换，也需要将一整套的 IFC 类加载。由此可见，虽然 IFC 标准已经广泛应用于建筑行业，但基于 IFC 标准的模型转换任重道远，在具体工程应用中，对其还需进一步研究、完善和扩展。

（2）基于二次开发的模型转换

相比第一种转换方式，基于二次开发的模型转换方式更加灵活，可根据有限元分析软件的有限元建模特点进行特定模型信息的提取和整理，模型转换过程的针对性强、准确性高，在面向不支持 IFC 标准的有限元分析软件时，也能快速获取 BIM 信息，自动生成有限元模型。

基于二次开发的模型转换，通过二次开发程序接口，访问 BIM 中结构构件对象存储的属性（几何、材料、载荷、约束等各方面的特性），将所有信息转换成目标软件的参数化设计语言格式，最终运行生成结构有限元模型，可实现结构分析相关信息的准确附加，从而满足实际项目中不同细度的模型转换需求。以 Revit 软件为例，从 Revit 中选择合理的特征参数，通过二次开发的程序接口，将结构分析模型所需的相关信息直接导出为目标有限元分析软件的语言格式，实现结构分析信息的正确绑定与集成，为后续与有限元分析软件的交互打下坚实的基础。

基于二次开发的模型转换，可有效地解决前述基于 IFC 标准的模型转换过程中存在的问题，同样以 Revit 为例，对应的解决方法如下：①模型生成过程中构件类型及轴线信息不会随建模方式不同而改变，通过 Revit 结构分析模型中的 GetCurve（ ）方法即可准确获得。②构件属性参数不需要从复杂的 IFC 层级结构中获取，只需要通过 get_Parameter（ ）方法即可准确获取。③节点处理是基于 BIM 的有限元模型生成的难点，通过二次开发可直接准确获取节点处理后的构件轴线信息，简化节点处理过程。④针对凹形、开洞以及曲面板、曲面梁的信息处理涉及众多复杂算法，可以借助 BIM 软件自身三角剖分后的结果，将每一个面片化之后的实体准确地导出为自动分解后的有限元分析软件所需模型，实现复杂信息的准确、便捷传递。

由此可见，在当前阶段，基于二次开发的模型转换可更加有效、高效地实现基于 BIM 的有限元模型生成。

2. 基于 BIM 的桥梁有限元模型生成方法

桥梁设计的一般过程包括概念设计阶段、方案设计阶段、初步设计阶段、施工图设计阶段，不同阶段应有各自的交付成果。例如，概念设计阶段与方案设计阶段的效果图、动画，初步设计阶段的初设图纸、计算书、大致工程数量，施工图设计阶段的大样图、施工流程方案和详细工程量清单等。但目前受限于各类软件平台的不完善和设计人员的 BIM 技能水平，完全实现基于 BIM 的桥梁全过程设计还存在着较大困难。

考虑 BIM 技术的信息集成特性，在进行三维建模时可将 BIM 作为载体，提取存储单元节段、关键截面参数、预应力钢束信息、材料信息、施工阶段划分信息等数据，为结构有限元分析阶段建立有限元模型提供信息来源。具体可通过 Revit 二次开发的插件，提取上述属性信息，并以 MCT 格式导入 Midas Civil 软件，实现桥梁 BIM 到有限元模型的信息传递。以连续梁桥为例，具体实施步骤如图 3-3 所示，其主要内容如下：

① 模型处理：按照设计图纸将 BIM 划分为多个施工节段，并以此为基础，建立以节段长度划分的梁单元有限元模型。支座节点根据桥墩模型信息和上部零号块、边跨现浇块的模型信息定位模拟。

② 关键截面参数：上部结构梁单元模型截面参数从梁 BIM 中提取，主要包括箱梁高度、顶（底）板宽度、腹板宽度、倒角尺寸、翼缘板厚度、翼缘板宽度等几何信息。

③ 材料参数：有限元分析软件所需的材料信息既可以根据 BIM 选择 Midas Civil 软件内置的信息库，也可以提取 BIM 上附加的物理、力学参数信息。

④ 预应力钢束处理：预应力钢束信息处理是 BIM 向有限元模型转换的关键，可将 EDFBTools 设计工具箱作为媒介，在预应力孔道模型的注释栏中添加 MCT 格式的预应力钢束信息，后续可直接提取。

⑤ 施工阶段划分：连续梁施工有限元模拟主要包括临时固结、节段施工、边跨现浇和合龙等，以此为依据，在 BIM 中设置相应的荷载和边界条件，在生成有限元模型后可直接进行计算分析。

将上述步骤生成的 MCT 文件分别加载入 Midas Civil 软件，可自动建立连续梁桥施工的有限元模型，补充设置其他计算参数后即可提交计算并得到结果。

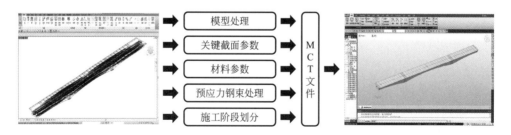

图 3-3　以 MCT 格式导入 Midas Civil 软件

第二节　基于 BIM 的有限元模型生成程序开发

1. Midas Civil 命令流

Midas Civil 不仅操作界面方便美观，而且提供了 MCT 格式的输入方式。MCT 格式自定义了一套信息编码规则，包括节点定义、单元生成、截面定义与赋予、材料定义、预应力钢束定义等，便于工程技术人员快速批量生成有限元建模所需信息，从而实现高效建模。MCT 格式规定，需首先声明该段信息的功能模块；其次，根据各个模块按照对应编码规则格式输入参数值，并以英文逗号","分隔；最后，Midas Civil 即可自动分辨模块并读取信息。涉及的主要功能模块及相应 MCT 格式如下：

① 节点及单元模块

节点模块以"*NODE"为标识，其参数是节点编号、节点 X 坐标值、节点 Y 坐标值和节点 Z 坐标值。单元模块以"*ELEMENT"为标识，分为框架单元、桁架单元、平面单元和实体单元，不同单元类型对应不同参数，见图 3-4，其参数主要为单元编号，单元类型，单元材料号，单元截面号，单元起点，单元终点和单元 β 角。

```
*NODE          ; Nodes
; iNO, X, Y, Z
;节点编号, 节点X坐标值, 节点Y坐标值, 节点Z坐标值


*ELEMENT   ; Elements
; iEL, TYPE, iMAT, iPRO, iN1, iN2, ANGLE, iSUB, EXVAL, iOPT(EXVAL2) ; Frame  Element
; iEL, TYPE, iMAT, iPRO, iN1, iN2, ANGLE, iSUB, EXVAL, EXVAL2, bLMT  ; Comp/Tens Truss
; iEL, TYPE, iMAT, iPRO, iN1, iN2, iN3, iN4, iSUB, iWID , LCAXIS     ; Planar Element
; iEL, TYPE, iMAT, iPRO, iN1, iN2, iN3, iN4, iN5, iN6, iN7, iN8      ; Solid  Element
;单元编号, 单元类型, 单元材料号, 单元截面号, 单元起点, 单元终点, 单元β角
```

图 3-4　节点及单元模块介绍

② 截面模块

截面模块以"*SECTION"为标识，分为数据库截面、PSC 截面、TAPERED 截面，连续梁桥主梁分析主要采用 PSC 截面，基于此进一步生成 TAPERED 截面。图 3-5 为 PSC 截面主要参数，包括截面编号，截面类型，截面名称，外部

轮廓尺寸和内部轮廓尺寸等，根据桥梁图纸按照对应顺序输入参数即可。图 3-6 为 TAPERED 截面介绍，变截面组由两个 PSC 截面生成，其参数与 PSC 截面类似。

```
*SECTION      ; Section
; iSEC, TYPE, SNAME, [OFFSET], bSD, bWE, SHAPE                    ; 1st line - PSC
; OPT1, OPT2, [JOINT]                                            ; 2nd line
; bSHEARCHK, [SCHK], [WT], WIDTH, bSYM, bSIDEHOLE                ; 3rd line
; bUSERDEFMESHSIZE, MESHSIZE, bUSERINPSTIFF, [STIFF]             ; 4th line
; bWE, [WARPING POINT]-i, [WARPING POINT]-j                      ; 5th line
; [SIZE-A]                                                       ; 6th line
; [SIZE-B]                                                       ; 7th line
; [SIZE-C]                                                       ; 8th line
; [SIZE-D]                                                       ; 9th line
; [SIZE-A] :  6(1CELL, 2CELL), 10(3CELL), 10(PSCM),  6(PSCH), 8(PSCT), 10(PSCB), 5(nCELL), 11(nCEL2)
; [SIZE-B] :  6(1CELL, 2CELL), 12(3CELL),  6(PSCM),  6(PSCH), 8(PSCT),  6(PSCB), 8(nCELL), 18(nCEL2)
; [SIZE-C] : 10(1CELL, 2CELL), 13(3CELL),  9(PSCM), 10(PSCH), 7(PSCT),  8(PSCB), 0(nCELL), 11(nCEL2)
; [SIZE-D] :  8(1CELL, 2CELL), 13(3CELL),  6(PSCM),  7(PSCH), 8(PSCT),  5(PSCB), 0(nCELL), 18(nCEL2)
;截面编号, 截面类型, 截面名称, 单箱几室/T型等, 截面类型
;变截面拐点选择
;剪切验算参数, 修改偏心
;是否给定计算截面特性网格尺寸, 否考虑剪切变形
;是否考虑翘曲效果(7自由度)
;外部轮廓尺寸
;内部轮廓尺寸
```

图 3-5　PSC 截面主要参数

```
*SECTION      ; Section
; iSEC, TYPE, SNAME, [OFFSET2], bSD, bWE, SHAPE, iyVAR, izVAR, STYPE      ; 1st line - TAPERED
OPT1, OPT2, [JOINT]                                                      ; 2nd line(STYPE=PSC)
; ELAST, DEN, POIS, POIC, THERMAL                                        ; 2nd line(STYPE=PSC-CMPW)
; bSHEARCHK, [SCHK-I], [SCHK-J], [WT-I], [WT-J], WI, WJ, bSYM, bSIDEHOLE ; 3rd line(STYPE=PSC)
; bSHEARCHK, bSYM, bHUNCH, [CMPWEB-I], [CMPWEB-J]                        ; 3rd line(STYPE=PSC-CMPW)
; bUSERDEFMESHSIZE, MESHSIZE, bUSERINPSTIFF, [STIFF-I], [STIFF-J]        ; 4th line(STYPE=PSC)
; [SIZE-A]-i                                                             ; 5th line(STYPE=PSC)
; [SIZE-B]-i                                                             ; 6th line(STYPE=PSC)
; [SIZE-C]-i                                                             ; 7th line(STYPE=PSC)
; [SIZE-D]-i                                                             ; 8th line(STYPE=PSC)
; [SIZE-A]-j                                                             ; 9th line(STYPE=PSC)
; [SIZE-B]-j                                                             ; 10th line(STYPE=PSC)
; [SIZE-C]-j                                                             ; 11th line(STYPE=PSC)
; [SIZE-D]-j                                                             ; 12th line(STYPE=PSC)
;截面编号, 截面类型, 截面名称, 单箱几室/T型等, PSC截面编号I, PSC截面编号J, 截面类型
;变截面拐点选择
;剪切验算参数, 修改偏心
;是否给定计算截面特性网格尺寸, 否考虑剪切变形
;是否考虑翘曲效果(7自由度)
;I截面外部轮廓尺寸
;I截面内部轮廓尺寸
;J截面外部轮廓尺寸
;J截面内部轮廓尺寸
```

图 3-6　TAPERED 截面介绍

③ 预应力钢束模块

预应力钢束模块以"＊TDN-PROFILE"为标识，支持样条、曲线、抛物线多种类型钢束输入。主要参数为钢束名称，钢束特性值，分配单元，曲线类型，输入类型和布置形状等，预应力钢束模块介绍如图 3-7 所示。

```
*TDN-PROFILE    ; Tendon Profile
; NAME=NAME, TDN-PROPERTY, ELEM_LIST, BEGIN, END, CURVE, INPUT  ; line 1
; GROUP, LENGOPT, BLEN, ELEN, bTP, rNUM                 ; line 2
; SHAPE, IP_X, IP_Y, IP_Z, AXIS, VX, VY                 ; line 3(Straight)
; SHAPE, IP_X, IP_Y, IP_Z, RC_X, RC_Y, OFFSET, DIR      ; line 3(Curve)
; SHAPE, INS_PT, REF_ELEM, AXIS                         ; line 3(Element)
; XAR_ANGLE, bPROJECTION, GR_AXIX, GR_ANGLE             ; line 4(Straight/Curve)
; XAR_ANGLE, bPROJECTION, OFFSET_Y, OFFSET_Z            ; line 4(Element)
; Y=X1, Y1, bFIX1, RZ1, RADIUS1, OPT1, ANGLE1, HGT1, R1  ; from line 5(2D)
; Y=...
; Z=X1, Z1, bFIX1, RZ1, RADIUS1, OPT1, ANGLE1, HGT1, R1
; Z=...
;钢束名称，钢束特性值，分配单元，钢束端部直线段长度开始，结束，曲线类型，输入类型
;编组，无应力长度定义
;坐标轴（直线、曲线、单元）
;绕 x 轴旋转角度，绕主轴旋转角度
;布置形状
```

图 3-7　预应力钢束模块介绍

④ 材料模块

材料模块以"＊MATERIAL"为标识，分为钢材、混凝土、用户定义和组合材料。其参数为材料编号，材料类型，材料名称，比热，热传导率，塑形，各向同/异性，质量密度，阻尼比［数据库 1］，如图 3-8 所示。

```
*MATERIAL     ; Material
; iMAT, TYPE, MNAME, SPHEAT, HEATCO, PLAST, TUNIT, bMASS, DAMPRATIO, [DATA1]
;STEEL, CONC, USER
; iMAT, TYPE, MNAME, SPHEAT, HEATCO, PLAST, TUNIT, bMASS, DAMPRATIO, [DATA2], [DATA2]
; SRC
;材料编号，材料类型，材料名称，比热，热传导率，塑形，各向同/异性，质量密度，阻尼比[数据库1]
```

图 3-8　材料模块介绍

⑤ 施工阶段模块

施工阶段模块以"＊STAGE"为标识，参数包括施工阶段名称，持续时间，是否保存施工阶段，是否保存施工步骤，激活或钝化单元组、边界组、荷载组，具体如图 3-9 所示。

```
*STAGE     ; Define Construction Stage
; NAME=NAME, DURATION, bSAVESTAGE, bSAVESTEP, bINCRESTEP, INCRESTEP  ; line 1
; STEP=DAY1, DAY2, ...                                               ; line 2
; AELEM=GROUP1, AGE1, GROUP2, AGE2, ...                              ; line 3
; DELEM=GROUP1, REDIST1, GROUP2, REDIST2, ...                        ; line 4
; ABNDR=BGROUP1, POS1, BGROUP2, POS2, ...                            ; line 5
; DBNDR=BGROUP1, BGROUP2, ...                                        ; line 6
; ALOAD=LGROUP1, DAY1, LGROUP2, DAY2, ...                            ; line 7
; DLOAD=LGROUP1, DAY1, LGROUP2, DAY2, ...                            ; line 8
;施工阶段名称，持续时间，是否保存施工阶段，是否保存施工步骤，添加子步骤，步骤数
;步骤及天数
;激活单元组，时间，单元组，时间……
;钝化单元组，时间，单元组，时间……
;激活边界组，时间，边界组，时间……
;钝化边界组，时间，边界组，时间……
;激活荷载组，时间，荷载组，时间……
;钝化荷载组，时间，荷载组，时间……
```

图 3-9 施工阶段模块介绍

上述模块为 MCT 格式重要部分内容的介绍，此外，还有其他功能模块如"＊ELASTICLINK"边界条件、"＊CONLOAD"节点荷载、"＊BEAMLOAD"梁单元荷载、"＊TDN-PRESTRESS"预应力荷载等，因篇幅有限不再赘述，读者可自行查阅相关书籍、文献了解。

2. Revit 二次开发技术

（1）Revit API 概述

应用程序编程接口（Application Programming Interface）是软件公司预先定义的函数，给开发人员提供软件拓展应用，无须访问内部源码或理解内部工作机制。Autodesk 公司为 Revit 软件提供了 API，Revit API 允许使用者通过任意一种与 .NET 开发环境兼容的程序语言来编程，包括 Basic. NET、C♯、C＋＋/CLI、F♯等。根据 Revit API 官方说明手册，其所提供的功能包括：①访问模型的图形数据、参数数据；②创建、修改、删除模型元素；③创建插件来完成对

UI 的增强及一些重复工作的自动化，集成第三方应用进行功能拓展；④执行一切种类的 BIM 分析，自动创建项目文档。

Revit API 有 7 个基本主题：插件集成（Add-in Integration）、Revit 应用类和文档类（Application and Document）、元素集（Elements Essentials）、过滤器（Filtering）、选择集（Selection）、参数（Parameters）、程序集合（Collection）等，具体如表 3-1 所示。

Revit API 基本主题　　　　　　　　　　　　　　　　　　表 3-1

序号	基本主题	解释
1	插件集成（Add-in Integration）	在 Revit 中调用插件时，需使用后缀名 .addin 的文件（XML 格式）对插件进行注册，Revit 将在启动时自动搜索目录中的 .addin 文件进行加载
2	Revit 应用类和文档类（Application and Document）	主要包括 Application、UIApplication、Document 和 UIDocument 4 类。一个 Revit 应用对象对应一个独立的 Revit 会话，用户可通过这个对象访问 Revit 文档、选项及其他应用范围的数据和设置，而一个 Revit 文档对应一个独立的 Revit 工程文件，Revit 可同时打开多个工程，每个工程可以同时有多个视图
3	元素集（Elements Essentials）	主要包括各类元素的机制、类别和特征等
4	过滤器（Filtering）	从文件中过滤出所需要的元素
5	选择集（Selection）	使用文档中选中的元素集合
6	参数（Parameters）	大多数元素信息都是被当作参数进行存储
7	程序集合（Collection）	指一些使用的程序集合类型，包括数组、映射、集合设置和相关迭代器等

其中，Revit API 的元素集包括了多种元素：不同类型的墙（Wall）、楼地板（Floors）、屋顶（Roofs）和洞口（Openings），以及它们的特性都可以用 API 表示，也可对元素进行移动（Move）、旋转（Rotate）、删除（Delete）、镜像（Mirror）、阵列（Array）等编辑操作。Revit API 也包括了对 Revit 族的创建和修改，族和族实例之间的关系和特性，以及对一些族实例的应用载入。

Revit API 的参数类型主要有 3 种：内建参数（BuiltInParameter）、共享参数（ShareParameter）、项目参数（ParameterBindings）。内建参数是使用效率最高的参数，共享参数和项目参数是用户自定义参数，其中，共享参数实际上只对一些参数定义，如参数的名字、类型、分组等，将参数绑定到类别后，对应的元素才会出现新的参数。但通过 Revit API 无法创建项目参数，只能实现参数的绑定。无论是共享参数还是项目参数，均可通过参数名获取。

Revit API 还提供了一套机制和规范扩展 Revit 功能，在主程序编写前要添加 Revit API. dll 和 Revit APIUI. dll 两个引用。Revit API. dll 包含了访问 Revit 数据库级别的应用、文档、元素和参数，也包含了外部数据库应用接口。而 Revit APIUI. dll 则包含了所有操作和定制人机交互界面的接口，包括外部命令和应用、选择功能、菜单及其子类、任务对话框。Revit API 程序集如表 3-2 所示。

Revit API 程序集

表 3-2

名称	程序集	包含内容	引用条件	功能
Revit API	Revit API. dll	①示例访问 Revit 中 DB 级的应用（Application）、文件（Document）、各类图元（Elements）及各种参数（Parameters）的方法 ②IExternalDBApplication 相关接口等	在操作应用、修改文件、图元时需要引用	数据库
	Revit APIUI. dll	包含所有操作和定制 Revit UI 的接口： ①IExternalCommand 相关接口 ②IExternalApplication 相关接口 ③Selection 选择 ④菜单类 RibbonPanel、RibbonItem 以及其子类 ⑤TaskDialogs 任务对话框 ⑥IExternalEventHandler 相关接口	在开发插件制作外部命令、外部应用、选择图元、制作界面上的菜单及按钮、使用对话框之前需要引用	人机交互

Revit 二次开发最主要的三大利器包括外部命令（IExternalCommand）、外部应用（IExternalApplication）和外部事件（ExternalEvent）。

① IExternalCommand 是 Revit API 用户通过外部命令扩展功能的接口，用户对 Revit 窗口、图元等主要的修改、操作均需要在此类接口下完成，图 3-10 描述了外部命令的调用方法。外部命令集成到 Revit 后，可通过外部工具菜单和自定义菜单两种方式触发外部命令。

② IExternalApplication 是一种特殊的应用，主要有 OnStartup 和 OnShutdown 两个函数，其参数类型均为 UIControlledApplication。UIControlled-Application 是一种特殊的应用，只在 OnStartup 和 OnShutdown 函数范围内起作用，不提供访问 Revit 文档的途径，但提供访问定制 UI 和注册事件的方法，可将用户所制作的插件与 Revit 界面结合起来，用户通过菜单或按键可以快捷地调用所

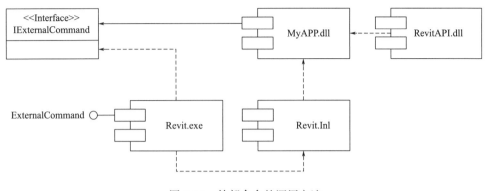

图 3-10　外部命令的调用方法

制作的插件功能。

③ ExternalEvent 主要用于所开发的插件界面与 Revit 交互，用户在一次执行插件命令的过程中可以在插件界面与 Revit 界面中互动操作，随时修改参数，并能即时反馈到 Revit 界面中。

基于 Revit API. dll 和 Revit APIUI. dll 程序集，可以深入地访问 Revit 底层数据库，获取模型的几何及非几何信息，借助 UI 功能拓展，方便点选模型构件，提升人机交互界面功能。数据库访问精准和人机交互界面灵活有利于软件功能的拓展，实现 Revit 软件与结构有限元分析软件的交互。

（2）开发工具

Revit 基于 . NET 运行环境，需要使用 Microsoft Visual Studio 软件和 . NET 开发环境编译。编译语言可以是 C♯、VB. NET 或 C++/CLI，但不同编译语言所使用的语句方式不太一样。例如，当需要找到一个数据库元素时，使用 C++/CLI 语言所运用的语句是 Autodesk∷Revit∷DB∷Element，使用 C♯语言所运用的语句是 Autodesk. Revit. DB. Element。同时，在进行二次开发前还需了解所安装的 Revit 系列产品的功能和使用方式。

Revit 二次开发工具还有很多。如 RevitSDK，这是一个 Revit API 的帮助文档，包含了许多带有源代码的例子，可供用户学习使用，其中，文件 Revit API Developer Guide（PDF 格式）是针对 API 的学习文件，文件 Revit API（HTML 格式）是编译的 HTML 帮助文件，用户可以根据自己所需的命令找到对应的语言；ILSpy 是一个免费的 . NET 反射工具，在开发过程中可查看 . NET Assembly 的类和函数，以及类之间的关系。RevitLookup 是 Autodesk 开发的插件，不用写代码即可直观看到 API 的对象，它包含在 SDK 的压缩包中，用户可在拿到源代码后自行编译。AddinMannager 也是 Autodesk 的官方插件，可以在不重启 Revit 的情况下修改插件代码，并再次加载运行。

（3）Revit 二次开发流程

在 .NET 开发环境下，对 Revit 进行二次开发，需遵循如图 3-11 所示的 Revit API 的应用流程，具体内容如下：

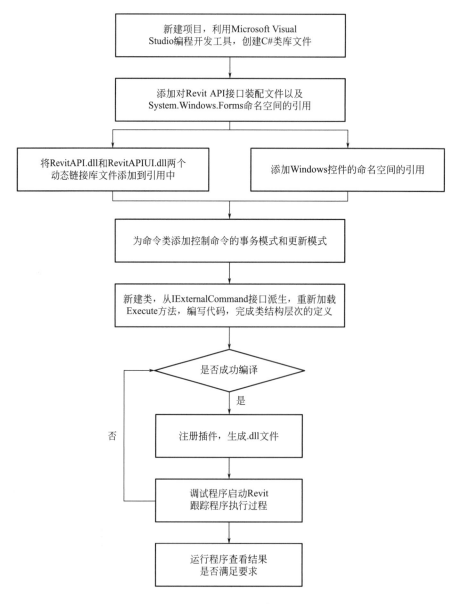

图 3-11　Revit API 的应用流程

① 新建项目，利用 Microsoft Visual Studio 编程开发工具，创建 C♯ 类库文件，并命名保存。

② 添加对 Revit API 接口装配文件以及 System. Windows. Forms 命名空间的引用，并在程序中编写需要用到的与 System 相关的 using 指令，如 using System. Windows. Forms，using System. Reflection，using System. I（　），using System. Collections. Object Model。

③ 通过搜索 Revit 安装文件，将 RevitAPI. dll 和 RevitAPIUI. dll 两个动态链接库文件添加到引用中，以便调用 Revit API 中的类和函数。然后，添加相应的 Windows 控件的命名空间的引用，如 WindowsBase。编写相应的 using 指令，如 using Autodesk. Revit，using Autodesk. Revit DB 等。

④ 为命令类添加控制命令的事务模式和更新模式，通常选用手动模式，如果不想添加事务，可选择自动模式。

⑤ 新建类并编写程序代码，主要包括定义类层次和对应模型生成函数的编写，从 IExternalCommand 接口派生，重新加载 Execute 方法，编写程序开发所需要的代码，完成类结构层次的定义。

⑥ 完成代码编写后进行编译，生成解决方案，编译成功后即可生成 .dll 文件，也可以进行程序调试（在程序编写的代码中通过设置断点、增加临时变量和跟踪变量等方式，查看程序在运行过程中的执行情况）。

⑦ 调试成功后，即可启动 Revit 程序，利用外部工具，打开生成的 .dll 文件，查看运行结果是否满足要求。

3. Revit to Midas Civil 插件编写及应用

利用 Microsoft Visual Studio 编程开发工具，基于 C♯ 语言和 Revit API 提供的接口，本书作者编写了 Revit to Midas Civil（以下简称 RTM）插件，并集成到 Revit 软件界面以方便使用。如图 3-12 所示，在 RTM 插件对话框可预设表格，以校核连续梁桥截面提取的信息，避免错选、漏选连续梁桥 BIM 而导致信息缺失。通过点击"选择连续梁"按钮，可框选连续梁桥模型，被框选的连续梁桥模型节段截面参数可出现在对话框预设表格，如果截面参数无误，则点击"导出连续梁数据"按钮，自动提取并保存连续梁桥的节点、单元、截面信息、材料等信息为 MCT 格式；如果错选、漏选，则点击"清空数据"按钮，重新选择。

因篇幅有限仅示意部分编写程序，截面参数提取程序如图 3-13 所示。

RTM 插件程序使用如图 3-14 所示，为方便框选主梁，首先，隐藏桥墩、承台等连续梁桥下部结构，点击 RTM 插件。其次，选择连续梁桥上部结构模型，检查各个节段的截面数据。再次，选择 MCT 格式文件存储路径。最后，检查节

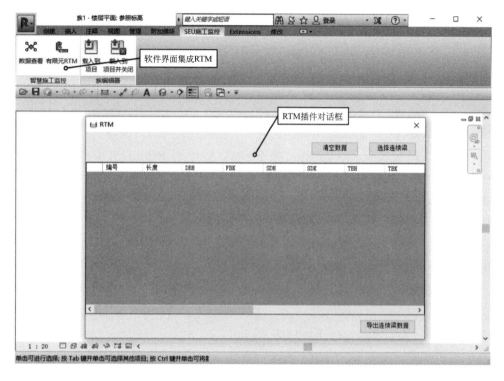

图 3-12　RTM 插件界面

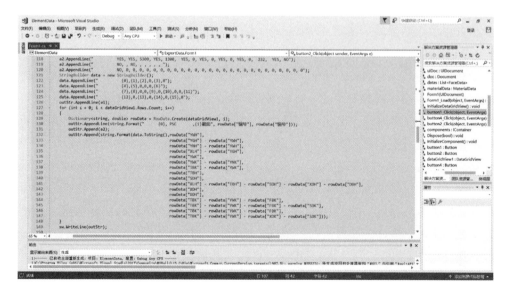

图 3-13　截面参数提取程序

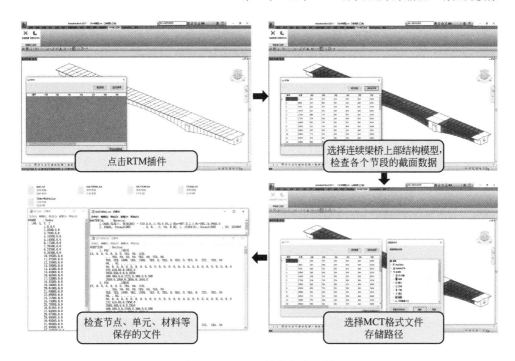

图 3-14 RTM 插件程序使用

点、单元、材料等保存的文件,即可被 Midas Civil 软件读取。

Midas Civil 读取 RTM 插件程序生成的 MCT 格式文件,可自动生成如图 3-15 所示的连续梁桥有限元模型,由于仅提取了连续梁桥 BIM 中节点、单元、材料、预应力钢束及施工节段信息,对于未包含的荷载、边界条件、收缩徐变信息,则需要在生成的有限元模型上进一步添加,模型经检查无误后即可提交计算。

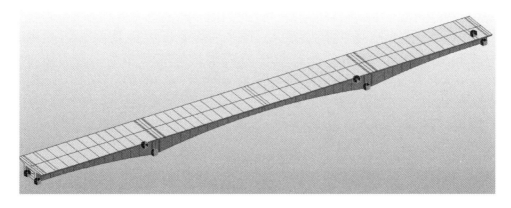

图 3-15 连续梁桥有限元模型

第三节　基于 BIM 的有限元模型分析

为保证连续梁桥施工安全，确保成桥后其线形平顺、受力合理，符合设计规范要求，需对连续梁桥施工过程进行监控。连续梁桥施工控制包括线形控制、应力控制、稳定控制和安全控制。其中，应力控制是评判结构实际受力状态的主要依据。由于人们不易察觉桥梁结构实际受力状态，一般在桥梁控制截面布设应变传感器测量应力，并与设计受力值进行对比，评估结构的安全状态。因此，运用有限元分析软件，研究桥梁施工各阶段的应力变化规律，可为实际施工提供重要参考依据。因篇幅有限，下面以连续梁桥应力分析为例，介绍基于 BIM 的有限元模型分析。

1. 计算参数

① 单元类型：本章所采用的连续梁桥为三跨预应力混凝土连续梁桥，有限元计算单元模拟采用 Midas Civil 变截面梁单元。梁单元计算精度虽不如实体单元，但是研究证明梁单元计算结果不仅精度满足工程要求，同时，计算效率远高于实体单元。

② 材料参数：连续梁桥主梁梁体采用 C50 混凝土，根据现行规范《铁路桥涵混凝土结构设计规范》TB 10092 的规定，其设计参数如表 3-3 所示。

混凝土材料参数　　　　　　　　　　表 3-3

强度等级	弹性模量（MPa）	泊松比	线膨胀系数（1×10^{-5}/℃）	重度（kN/m³）	轴心抗压强度极限值（MPa）	轴心抗拉强度极限值（MPa）
C50	35500	0.2	1.0	25	33.5	3.10

③ 预应力钢束：主要包括顶板束、腹板束、底板束和合龙束，均采用 $f_{pk}=$ 1860MPa 钢绞线，参数如表 3-4 所示，涉及规格为 12-Φ_s15.20、13-Φ_s15.20、14-Φ_s15.20、17-Φ_s15.20，锚下控制应力根据束别和规格分为 1250MPa、1300MPa 和 1320MPa。锚口及喇叭口损失按锚外控制应力的 6% 计算，孔道摩阻系数为 0.23，孔道偏差系数为 0.0025；松弛损失、收缩徐变及其他各项损失均按规范取值计算。

预应力钢束参数　　　　　　　　　　表 3-4

型号	弹性模量（MPa）	泊松比	线膨胀系数（1×10^{-5}/℃）	重度（kN/m³）	抗压强度标准值（MPa）
1860 钢绞线	19500	0.3	1.2	78.5	1860

④ 荷载参数：恒荷载按实际结构计算，同时考虑腹板变宽及底板变厚。横梁和预应力锚块自重按均布荷载施加；挂篮荷载模拟表现为集中力和力矩作用于梁单元；混凝土湿重按集中荷载考虑，取 1.1 倍的混凝土自重。混凝土收缩徐变按野外一般条件计算，相对湿度取 70%，基础不均匀沉降的相邻两支点不均匀沉降的 $\Delta = 0.015m$。温度按照现行规范《铁路桥涵混凝土结构设计规范》TB 10092 计算，设计合龙温度为 16~20℃，均匀温差按升降温 20℃，日照温差按顶板升温 8℃ 计算。

⑤ 边界条件：连续梁桥采用平衡悬臂施工法，施工过程涉及体系转换，故边界条件随施工阶段变化而改变。首先，悬臂施工前需设定墩梁固结，桥墩顶部节点为主节点，零号块梁单元节点为从属节点而与桥墩形成固结状态，考虑桥墩与承台刚度故桥墩顶部节点采用固定约束处理；其次，边跨现浇段采用支架现浇，以弹性支撑模拟，边跨合龙后，结构进行体系转换，成为单悬臂状态；最后，中跨合龙后体系进行第二次转换，进入成桥状态，按照连续梁桥边界条件墩顶固结转换为铰接处理。

⑥ 施工阶段划分：根据实际施工方法和顺序，将连续梁桥施工划分为 14 个阶段。从零号块混凝土至全桥合龙均按 7d 施工周期模拟，涉及节段施工并养护、预应力钢束张拉、挂篮移动并施加下一节段湿重，如表 3-5 所示。该桥因没有边跨合龙段，故在边跨现浇混凝土段增加压重铁砂混凝土。

施工阶段划分 表 3-5

施工阶段	施工天数(d)	施工阶段模拟过程
1	7	支架施工零号块混凝土并养护,张拉预应力钢绞线 4T1、4F1,施加挂篮自重荷载及 1 号块混凝土荷载
2	7	挂篮施工 1 号块混凝土并养护,张拉预应力钢绞线 2T2、4F2,移动挂篮并施加挂篮自重荷载及 2 号块混凝土荷载
3~10	56	挂篮施工 2~9 号块混凝土并养护,张拉对应号块混凝土的预应力钢绞线,移动挂篮并施加相应荷载
11	7	支架施工边跨现浇段混凝土并养护,张拉边跨顶、底板预应力钢绞线 T11、T12、B1~B4,填加压重铁砂混凝土,拆除边跨支架
12	7	施工中跨合龙段混凝土并养护,张拉中跨混凝土预应力钢绞线,拆除挂篮
13	30	施加二期荷载
14	3650	施加 10 年混凝土收缩徐变

2. 连续梁桥应力分析

连续梁桥在平衡悬臂施工过程中的梁体应力是施工控制的主要方面，挂篮移动、预应力张拉等施工会引起梁体应力变化，有必要借助有限元分析软件掌握连续梁桥的应力变化情况。通过 RTM 插件，在 Midas Civil 前处理模块生成基于 BIM 的连续梁有限元模型，增加其他参数设置并检查无误后提交计算。

图 3-16 和图 3-17 分别是最大悬臂状态半幅桥梁顶板和底板应力分布图。由图可知，最大悬臂状态时，桥梁顶板承受压应力，由零号块混凝土向 9 号混凝土块逐

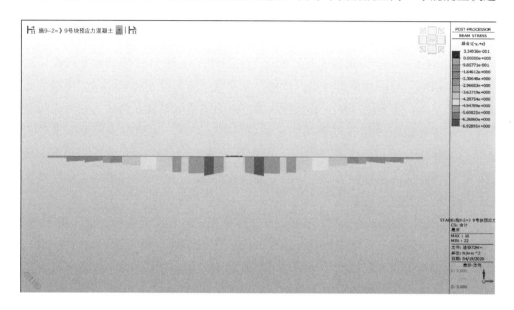

图 3-16 最大悬臂状态半幅桥梁顶板应力分布图

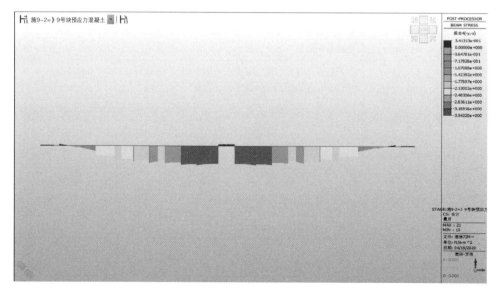

图 3-17 最大悬臂状态半幅桥梁底板应力分布图

渐变小，最大压应力出现在零号块混凝土端部（6.93MPa）。最大悬臂状态时，桥梁底板承受压应力，由零号块混凝土向 9 号块混凝土逐渐变小，最大压应力出现在零号块混凝土端部（3.54MPa）。顶（底）板最大压应力均远小于 C50 混凝土容许压应力。

图 3-18 和图 3-19 分别是全桥合龙状态桥梁顶板和底板应力分布图。由图可

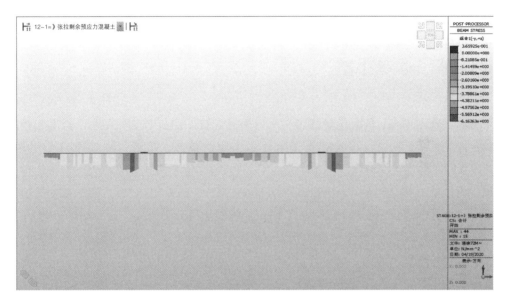

图 3-18 全桥合龙状态桥梁顶板应力分布图

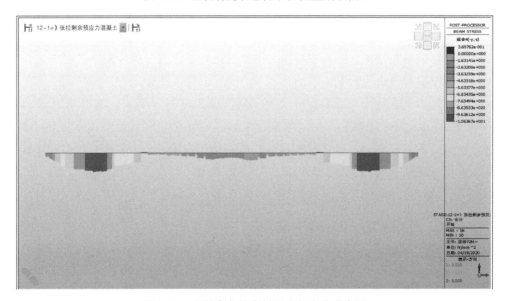

图 3-19 全桥合龙状态桥梁底板应力分布图

知，全桥合龙时，主梁顶板承受压应力，最大压应力出现在零号块混凝土端部（6.16MPa）。全桥合龙时，主梁底板承受压应力，最大压应力出现在 5 号块混凝土（10.60MPa）。顶（底）板最大压应力均小于 C50 混凝土容许压应力。

由上述有限元模型分析示例可知，基于 BIM 生成的桥梁结构有限元模型，在增加其他参数设置并检查无误后，可用于桥梁结构的有限元分析，所得结果可作为施工监控方案的参考依据。

第四节 本章小结

本章利用 Revit 参数化建模、三维可视化、Revit API 二次开发，给出了模型转换的方法，即通过提取桥梁 BIM 中的节点、单元、截面参数、材料等信息并以 MCT 格式文件输出。基于 Midas Civil 软件 MCT 格式特点以及 Revit 软件 API 的接口形式，利用 C♯ 语言编写了 Revit 与 Midas Civil 之间结构模型的转换接口，并对节点、截面等主要 MCT 格式功能模块进行了介绍。研究结果表明：

① 使用所开发的转换接口实现了 Revit 与 Midas Civil 之间结构模型的转换，以某工程连续梁桥为例，验证了接口的有效性，弥补了 BIM 技术在桥梁结构分析方面的不足，避免了重复建模，一定程度上提高了建模分析的效率，实现了 Revit 与 Midas Civil 的优势互补。

② 本章示例中的有限元计算结果表明，施工过程桥梁各节段顶板及底板均处于受压状态，压力值均小于梁体混凝土容许压应力，结构处于安全状态，完成了结构计算的基本目标。因篇幅有限，本章仅进行了应力分析，而读者可以进行更加全面的模型分析与研究。

本章所介绍的基于 BIM 的高铁连续梁桥施工有限元模拟，仅以 Autodesk Revit 和 Midas Civil 为例，介绍了高铁连续梁桥 BIM 向有限元模型转换并进行模型分析的方法。事实上，BIM 建模软件与桥梁施工有限元分析软件有很多种，相互间的交互更是各有特点，但以 BIM 为信息载体，以有限元模型为转换目标，以有限元模拟为最终任务的思路始终一致。读者可在今后的学习中，尝试以其他 BIM 软件和桥梁施工有限元分析软件为研究对象，开展基于 BIM 的桥梁施工有限元模拟研究。

第四章　基于BIM的高铁连续梁桥施工可视化监测

桥梁施工监测是指对桥梁施工全过程进行同步观测，保证将桥梁施工线形、应力误差参数控制在合理范围之内，并对桥梁施工过程中的异常状态发出警报，是保证桥梁顺利建设的有效手段。传统桥梁施工监测方案的拟定与实施大多依赖工程监测经验与施工图纸，将传感器编号和监测点位置用二维图纸和文字表达，这种方法不直观。施工监测数据依赖人工提取，人们无法及时获取实时监测数据。因此，对施工监测方案可视化设计、线缆精细化排布、监测数据管理、监测数据可视化表达与自动报警有待进一步优化与提升。

BIM 是近年来建筑业的研究热点，也是信息化技术在建筑业的直接应用。利用计算机技术和图形化界面，BIM 涵盖几何、材料、荷载、施工等信息，同时支持各单位全生命周期管理，使项目的设计、建造和运营过程在可视化的状态下进行，利用效果图或报表展示分析结果。BIM 不仅用于表达桥梁外部几何信息，还将桥梁内部的几何信息和属性信息集成在模型中，适合监测数据的管理与表达。近年来，基于 BIM 的桥梁施工监测已成为研究热点，通过监测数据与桥梁模型的关联，将采集的数据经过数据挖掘与信息处理，再借助 BIM 进行监测信息的可视化展示，直观反映结构的实时响应，有效降低数据的理解难度，提高决策效率。当部分区域监测数据出现异常，施工监测系统及时发出报警信息，警示现场人员暂停施工作业。管理人员通过可视化平台查看预警区域，有针对性地查找报警原因。此外，BIM 具备强大的信息集成管理能力，可以作为监测信息管理和共享平台，提高监测信息管理水平。将 BIM 技术应用于桥梁施工监测，能够以更直观、丰富的形式对桥梁施工监测数据进行集成、管理、分析，高效地对施工过程进行指导、修正，保证桥梁施工质量，同时，也为桥梁运维阶段的信息管理提供支持。因此，借助 BIM 的桥梁施工监测方法与传统监测方法相比，有很多优点。

BIM 在高铁桥梁施工监测中的应用加强了人机交互，借助 BIM 开展高铁桥梁施工监测方案的设计与实施，为桥梁施工安全及后期运营维护提供可靠保障。基于 BIM 的高铁桥梁施工监测框架如图 4-1 所示，首先，根据施工资料及施工监测需求建立桥梁及监测设备的 BIM。其次，在此基础上，优化并拟定施工监测方案，包括确定监测仪器监测点布设方案、摄像机布设方案、线缆排布方案等，据此进行设备进行安装。通过开发的传感器模型—监测数据关联模块，对连续梁桥施工节段进行应力监测及数据管理。当监测值超过报警阈值时，以软件弹窗、短信、邮件等形式进行自动报警，报警内容包括监测数据、监测视频和相关文字描述。

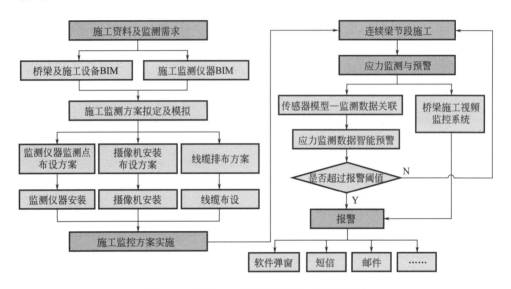

图 4-1　基于 BIM 的高铁桥梁施工监测框架

第一节　基于 BIM 的施工监测方案设计

高铁桥梁的几何线形和内力状态不仅与设计有关，还依赖科学合理的施工方法及施工过程中对挠度、应力、应变的准确控制。桥梁施工监测通过实时监测结构的实际状态，获得实际状态与理想状态之间的偏差，进而运用现代控制理论方法，对引起误差的参数识别、调整，并对结构状态预测，使桥梁施工状态最大限度地接近理想状态，保障施工安全及最终成桥状态。目前，高铁连续梁桥施工监测遵循以线形监控为主，同时注重最大悬臂阶段和体系转换过程中结构应力的变化。在高铁桥梁施工过程中通过对结构关键点进行应力监测，对不同施工阶段的应力监测数据与同阶段的数值分析结果比对，分析该施工过程是否满足安全性要求，一旦发现监测数据异常，应立即停止施工。

1. 监测设备 BIM 模型

应力是桥梁施工监控、荷载试验、结构健康监测的重要监测内容，桥梁结构应力也是评估桥梁结构施工安全的重要指标。高铁桥梁应力监测是指在桥梁的控制截面上布置应力/应变传感器，测量桥梁控制截面某阶段的应力变化及应力分布情况。为实现基于 BIM 的高铁桥梁施工期应力监测方案的可视化设计，需建立桥梁、监测设备及附属设施的 BIM。根据第二章介绍的桥梁 BIM 参数化建模方法，建立主跨 72m 连续梁桥 BIM 模型，如图 4-2 所示。此外，根据常用应力监测设备（传感器、采集箱、摄像机等）的实物尺寸，建立的监测设备 BIM 如图 4-3 所示。

图 4-2　主跨 72m 连续梁桥 BIM 模型

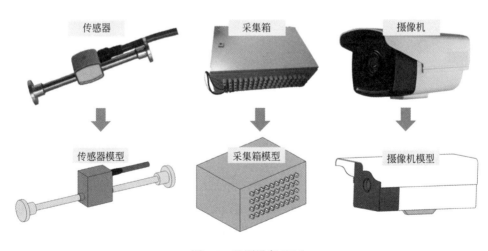

图 4-3　监测设备 BIM

桥梁施工监测的实施需要大量附属设施，辅助监测设备的安装与运行。常用附属设施主要包括供电箱、线缆支架、通信天线，如图 4-4 所示，附属设施建模采用非参数化族，准确的附属设施 BIM 模型可为基于 BIM 的高铁桥梁施工监测方案的可视化设计提供基础。

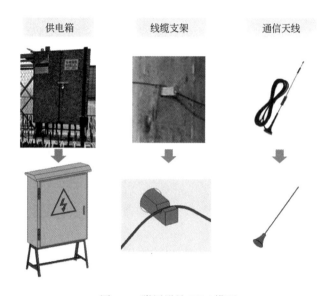

图 4-4 附属设施 BIM 模型

2. 基于 BIM 的高铁桥梁应力监测方案优化

通过对高铁桥梁施工监测数据的实时分析，可有效保障高铁桥梁施工安全及施工质量，通过对桥梁施工全过程的应力监测实时了解桥梁的施工安全状况。监测数据超出安全阈值，及时发出报警信息，保障桥梁的施工安全。由于受到经济条件、现场条件的限制，难以在桥梁布置大量监测点，并且非必要监测点会产生大量冗余数据，干扰监测数据的分析，因此，传感器的优化布置是桥梁施工监测的一个关键问题。以如图 4-2 所示的高铁连续梁桥为例，为监测其施工期间的安全状态，在施工过程中主要监测各节段的空间位置及应力状态。其中，各节段的空间位置通过施工前的准确放样来调整；各节段的应力状态通过布置振弦式应变传感器来采集。基于该连续梁桥有限元模型施工全过程的数值模拟结果，共选取了如图 4-5 (a) 所示的测量断面，分别是零号块根部、1/4 桥跨和合龙段。在每个测量断面布置 5 个振弦式应变传感器，共有 45 个应变传感器。各测量断面监测点布置方案如图 4-5 (b) 所示，其中，监测点 1~3 与箱梁上顶板的距离为上顶板混凝土保护层厚度，监测点 4~5 到箱梁下底板的距离为下底板混凝土保护层厚度。

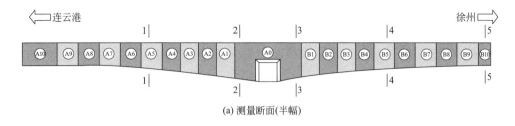

(a) 测量断面(半幅)

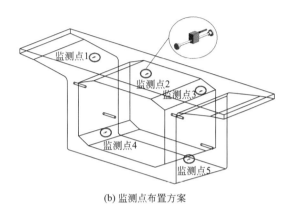

(b) 监测点布置方案

图 4-5 高铁连续梁桥应力测量断面及监测点布置方案

　　根据监测点布置方案，拟定采集箱、传感器线缆和供电线缆的布置方案，图 4-6 为 1 号测量断面的各类设备在不同方案中的布置示意图。

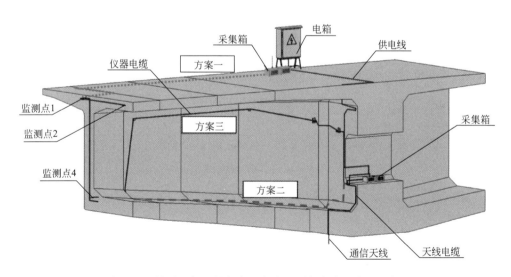

图 4-6 1 号测量断面的各类设备在不同方案中的布置示意图

如图 4-6 所示，方案一的采集箱被放置于零号块顶板处的电箱旁，通信天线直接安装在采集箱上，监测点 4 的传感器线缆由腹板引出至顶板，同监测点 1 和监测点 2 的传感器线缆一起通过梁体顶板接入采集箱。方案二的采集箱被放置于零号块人孔处，设备供电线由顶板处的电箱引出并通过施工孔引至设备；通信天线伸出检查孔，就近接入采集箱；监测点 1 和监测点 2 的传感器线缆由腹板引至底板，与监测点 4 的传感器线缆一起从箱梁底板上缘接入采集箱。方案三的采集箱放置位置、供电线缆和通信天线布置方案与方案二一致，监测点 1 和监测点 2 的传感器线缆由腹板引至底板，与监测点 4 的传感器线缆一起从梁体底板引出后通过线缆支架从梁体侧壁引至采集箱。

对比图 4-6 中的各个布置方案可知，方案一实施方便，线缆长度相对较短，通信天线的通信质量较好，但是采集箱、传感器线缆和供电线缆均暴露在桥梁顶板上，易受环境和施工的影响。方案二和方案三中的采集箱和传感器线缆均在箱梁内部，避免了施工及环境因素的影响，但方案二的仪器电缆沿箱梁底板顶面布设，易被临时施工物资和设施破坏。方案一和方案二过于复杂，方案三避免了施工对采集箱、传感器线缆和供电线缆的影响。因此，为避免监测数据质量受环境和桥梁施工的影响，方案三为实际应用时最合适的监测方案。

为保证信号传输质量和供电的稳定性，传感器线缆和供电线缆应尽量减少接头，监测方案实施前应合理计算线缆长度。以方案三的 1 号测量断面各监测点的应变传感器线缆和采集箱供电线缆为例，1 号测量断面仪器线缆及供电线长度见表 4-1。施工长度为传感器线缆和供电线缆考虑冗余后的计算长度，作为实际施工的参考依据。根据方案三的应变传感器及线缆布设方案，依托 BIM 即可完成所有测量断面的传感器及线缆布设，并自动计算线缆长度用以指导实际施工。

1 号测量断面仪器线缆及供电线长度 表 4-1

名称		计算长度（m）	施工长度（m）
1 号测量断面	监测点 1	23.8219	25.0
	监测点 2	28.3136	30.0
	监测点 3	23.8219	25.0
	监测点 4	20.7419	22.0
	监测点 5	20.7419	22.0
供电线		14.3768	16.0

3. 基于 BIM 的视频监控方案优化

视频监控系统可全天候、多方位地记录施工现场情况，节省人力物力，并可以随时调出监控记录，方便施工管理人员全程掌握施工状况。为了加强对施工现场安全生产的管控，多地出台了许多关于建筑工地安全生产的技术规范，其共同点都是要求施工现场安装视频监控系统，以实现对施工现场的动态、实时管理，对施工现场的安全生产、文明施工、消防保卫等情况进行有效监控。施工现场视频监控系统的投入使用，不仅大大便利了工程项目管理，提升了工程安全文明施工管理水平，也为工程高标准、高质量的完成提供了先进的科技手段和强有力的技术保障。

施工现场视频监控系统主要通过视频监控施工现场情况。视频监控应清晰记录各阶段施工过程，便于工程技术人员及时了解施工现场进度，掌握施工人员工作状态，同时依托记录的视频分析监测数据（特别是应力数据超过设定阈值时），帮助工程技术人员直观了解现场施工情况。视频监控的安装要求：①安装位置尽可能地达到最佳监视角度，获取监视重点内容；②摄像机周边通风良好，安装牢固，电源线需绝缘且有套管保护；③摄像机安装在监视目标附近不易受到外界损伤的地方，且不影响附近人员的正常活动。

视频监控应覆盖每个节段施工作业面，因此，施工挂篮为最优载体。基于三角挂篮的 BIM 模型，选择最优的摄像机安装位置。为确保安装过程的安全性和便利性，同时考虑现场挂篮的攀爬护栏位置，摄像机安装位置如图 4-7 所示，其模拟的监控视角可基本覆盖整个施工作业面。

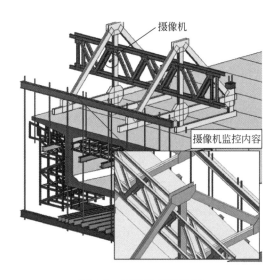

图 4-7　摄像机安装位置

第二节　基于 BIM 的高铁桥梁施工监测数据可视化技术

　　高铁桥梁施工监测数据可视化技术主要用于后台自动监测，实现监测数据的自动读取、分析、显示、报警的功能。施工监测数据可视化是指将采集的监测数据经过一定的数据挖掘与信息处理，再借助 BIM 等技术手段进行监测信息的可视化展示，能够直观地反映结构的实时响应。除了能实现桥梁结构监测信息在线显示外，还能将桥梁结构异常报警信息进行可视化展示，用户可以根据数据曲线了解结构的状态。自动报警功能能够对监测数据超过阈值的情况提供多种报警方式，包括弹窗提醒、自动记录超限信息及自动定位超限传感器，帮助用户快速找到数据异常的测点，了解其监测情况并做出相应的决策。BIM 在桥梁结构健康监测中的应用增强了人机交互，使桥梁施工监测多元化。

　　高铁连续梁桥施工监测中，应力是主要的监测内容，借助 BIM 平台对施工全过程中的构件应力信息进行实时可视化展示，直观地体现结构各构件的应力分布情况。当部分区域应力分布异常时，及时发出报警信息，并暂停施工作业。指挥人员通过可视化平台查看报警区域，有针对性地查找原因。同时，BIM 可视化平台还能对导致应力超标的原因进行分析，提高施工决策的准确率。此外，施工监控应力信息在 BIM 中的可视化可为纠正施工偏差提供参考，减小下一阶段的施工控制误差，有效降低由于施工控制不及时、不准确带来的安全威胁和不必要的财产损失。

1. BIM 与现场监测数据关联

　　传统监测技术在信息共享和传递过程中难以实现仪器监测点和应力监测数据的直观对应。为此，利用 Autodesk Revit 提供的 API 接口，开发了传感器模型与监测数据的关联模块，该模块用于连接 BIM 和监测数据库，读取各传感器对应的监测数据。由于监测数据的海量性，使用常规的信息集成方式会耗费大量时间，而且手动集成过程容易出错，不利于监测数据的共享。监测信息的关联分为传感器信息的关联和监测数据的关联。第一，建立传感器 BIM，将传感器监测点编号、阈值等参数添加到传感器模型中。第二，将监测数据关联传感器模型，相关程序如图 4-8 所示。

　　通过勾选对话框中的传感器编号或者点选 BIM 传感器模型，可自动读取指定路径所对应的监测数据文件，并在操作界面绘制出监测数据变化曲线，便于工程技术人员及时了解监测点的应力数据。可视化操作界面如图 4-9 所示，与传统

```
namespace VMILSB
{
[Autodesk. Revit. Attributes. Transaction (Autodesk. Revit. Attributes. TransactionMode. Manual)]
    class DataInput: IExternalCommand
    {
        public static double [] linshi = new double [20];
        public Result Execute (ExternalCommandData commandData, ref string message, ElementSet
elements)
        {
            li (ref linshi);
            Chuancan (ref linshi);
            for (int i = 1; i<20; i + +)
            return Result. Succeeded;
        }
        public void li (ref double [] vs)
        {
            string path = @" C: \ Users \ Administrator \ Desktop \ 测试数据 . xlsx";
            var fss = File. OpenRead (path);
            IWorkbook workbook = null;
                workbook = new XSSFWorkbook (fss);
            ISheet sheet = workbook. GetSheet (" Sheet1" );
            int i;
            for (i = 1; i<20; i + +)
            {
                IRow irow = sheet. GetRow (i);
                vs [i] = Convert. ToDouble (irow. GetCell (0) . ToString () );
            }
            fss. Close ();
        }
        public void Chuancan (ref double [] vs)
        {
            li (ref vs);
        }
    }
}
```

图 4-8 监测数据关联程序

方式相比，可视化操作不仅可以基于 BIM 直观检查实测数据，而且方便对各监测点对比分析，及时了解施工过程中桥梁安全状态。

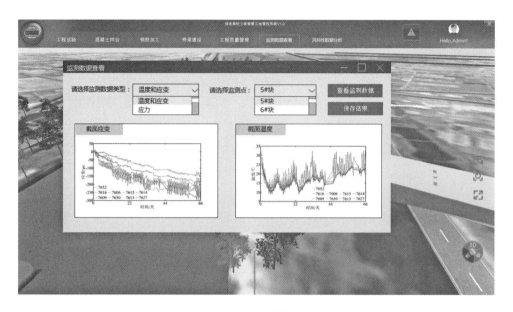

图 4-9　可视化操作界面

2. 监测数据管理

利用 Autodesk Revit 提供的 API 接口，开发了监测数据管理模块，该模块主要用于对监测数据集中管理。通过将所有传感器及其对应的监测数据置于一个统一平台，采用自定义分组策略，使数据组织有序，有效地解决大型高铁桥梁施工监测项目因传感器种类多、数据量大，给数据管理带来的困难。同时，通过将传感器模型与监测数据建立关联，既可以通过模型管理监测数据，也可以通过监测数据定位到对应的传感器模型，从而提高监测数据管理效率，应力监测数据与传感器模型关联如图 4-10 所示。监测数据管理模块具体功能包括以下三部分：

（1）原始监测数据查看

用户双击传感器节点，系统会自动连接监测数据库，查询并读取选定传感器对应的监测数据，然后显示。此外，该模块提供了定位传感器的功能，能够在 Revit 模型中自动定位到被选定的传感器模型，使监测数据和模型很好地对应。

（2）监测数据变化曲线查看

当用户选定传感器节点并选择查看监测数据变化曲线时，系统会自动显示被选定传感器的监测数据，并绘制数据变化曲线。数据变化曲线图支持平移、缩放、鼠标悬停提示信息等操作。

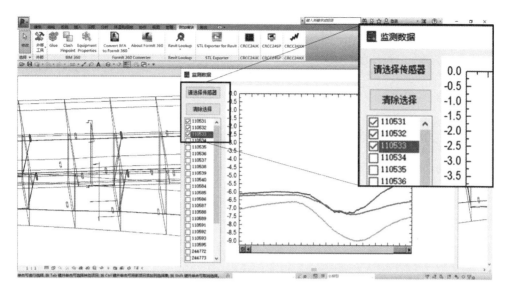

图 4-10　应力监测数据与传感器模型关联

（3）监测数据导入/导出

用户选定传感器节点，并选择要导入的外部数据文件，系统会自动将数据导入被选定传感器对应的数据表，同时，支持将被选定传感器对应的监测数据导出至 Excel 或格式为 .txt 的文件中。

3. 监测数据可视化

通过 BIM 数据动态集成技术对桥梁工程的监测数据整合，可以将监测数据与传感器的位置进行可视化展示，与传统方式相比更利于数据的准确记录。通过图表、颜色、图形等方式直观展示监测数据的处理结果，可有效地降低监测信息的理解难度，对数据进行后续调用时也更加方便。

颜色模型表示在三维空间中包含某个色彩区域中全部色彩的可见光子集，根据使用特点可分为面向视觉感知和面向硬件设备两大类。面向视觉感知的颜色模型主要包括 HSV、HIS 等，面向硬件设备的颜色模型主要包括 RGB、CMY、CMYK、YUV 等。其中，RGB 是所有颜色模型中应用最为广泛的一种。根据高铁桥梁施工监测中应力信息展示的特点，选取 RGB 作为应力信息的展示载体。

传感器模型颜色与监测数据的关联是实现监测数据可视化的关键。RGB 中的每种颜色由 R（红）、G（绿）、B（蓝）三种基本颜色组成，三种基本颜色的范围是 0～255。通过改变三种颜色的数值并互相组合，可以得到人眼能够感知的所有颜色，因此，可以采用 RGB 模式修改传感器的颜色。彩虹七种颜色的RGB 值如表 4-2 所示。

彩虹七种颜色的 RGB 值 表 4-2

颜色	R 值	G 值	B 值
红	255	0	0
橙	255	152	0
黄	255	255	0
绿	0	255	0
青	0	255	255
蓝	0	0	255
紫	255	0	255

基于 RGB 色彩模式实现高铁桥梁施工监测中数据可视化的具体流程如下：

（1）数据导入和预处理。利用循环操作不断寻找最新传入的数据，将 I 级报警阈值范围内的监测数据归一化，归一化后将数据自小到大与 [0，255] 的 RGB 值建立一一对应的线性关系。

（2）修改模型颜色。首先，利用过滤器过滤 Revit 项目文件中的填充实体；其次，根据图元的 Reference 属性，确定需要修改颜色的传感器模型，获取待修改颜色的模型填充实体 ID，最后，根据上一步计算出的 RGB 值，修改模型的填充实体，完成对特定传感器模型颜色的修改。传感器模型颜色修改程序如图 4-11 所示，修改后传感器颜色变化示意图如图 4-12 所示（由于本书黑白印刷，该图仅为示意图，未显示颜色）。

```
namespace VMILSB
{
    [Transaction (TransactionMode. Manual) ]
    public class MonitoringView: IExternalCommand
{
        public Result Execute (ExternalCommandData commandData, ref string message, ElementSet
elements)
        {
            UIDocument uidoc = commandData. Application. ActiveUIDocument;
            Document doc = uidoc. Document;
            UIApplication uiApplication = uidoc. Application;
```

图 4-11 传感器模型颜色修改程序（一）

```
        Selection choice = uidoc. Selection;
        ChangeColor (uidoc, doc);
        return Result. Succeeded;
    }
    public void ChangeColor (UIDocument uidoc, Document doc)
    {
        Selection choice = uidoc. Selection;
        Reference sel _ element1 = choice. PickObject (ObjectType. Element,"选择元素");
        Element ele = doc. GetElement (sel _ element1);
        FilteredElementCollector fillPatternElementFilter = new FilteredElementCollector
(doc);
        fillPatternElementFilter. OfClass (typeof (FillPatternElement) );
        FillPatternElement fillPatternElement = fillPatternElementFilter. First (f =>
            (f as FillPatternElement) . GetFillPattern () . IsSolidFill) as FillPatter-
nElement;
        for (int lk = 15; lk >= 0; lk--)
        {
            Thread. Sleep (100);
            double i;                       //当前数据位置
            int full = 1;       //数据总数
            i = lk/ (double) 15;
            var r = 0;
            var g = 0;
            var b = 0;
            if (i<full/ (double) 3)
            {
                r = 255;
                g = (int) (255 * 3 * i/ (double) full);
                b = 0;
            }
            else if (i < full / (double) 2)
            {
                r = (int) (750-i * (250 * 6/ (double) full) );
                g = 255;
                b = 0;
            }
```

图 4-11　传感器模型颜色修改程序（二）

```
else if (i＜full * 2/ (double) 3)
{
    r = 0;
    g = 255;
    b = (int) (i * (250 * 6/ (double) full) -750);
}
else if (i＜full * 5/ (double) 6)
{
    r = 0;
    g = (int) (1250-i * (250 * 6/ (double) full) );
    b = 255;
}
else
{
    r = (int) (150 * i * (6/ (double) full) -750);
    g = 0;
    b = 255;
}
Transaction ts = new Transaction (doc," 12" );
ts. Start ();
OverrideGraphicSettings overrideGraphicSettings = new OverrideGraphicSettings
();
overrideGraphicSettings = doc. ActiveView. GetElementOverrides (ele. Id);
overrideGraphicSettings. SetSurfaceForegroundPatternId (fillPatternElement. Id);
overrideGraphicSettings. SetSurfaceTransparency (0);
overrideGraphicSettings. SetSurfaceForegroundPatternColor (new
Autodesk. Revit. DB. Color ( (byte) r, (byte) g, (byte) b) );
uidoc. ActiveView. SetElementOverrides (ele. Id, overrideGraphicSettings);
ts. Commit ();
System. Windows. Forms. Application. DoEvents ();
            }
        }
    }
}
```

图 4-11　传感器模型颜色修改程序（三）

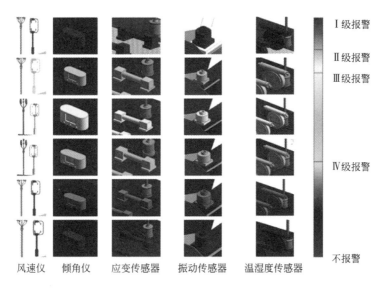

图 4-12　传感器颜色变化示意图

　　基于 BIM 平台对高铁桥梁施工监测数据进行动态可视化展示，弥补了传统的监测信息表达中数字图表展示手段人机交互水平低、直观性差等缺点。增加了应力监测信息展示的多样性，对于提高高铁桥梁施工监测平台的信息化、智能化程度具有重要的意义。

　　4. 监测数据异常自动报警

　　在传统的施工监测和报警方法中，工作人员负责操作监测设备完成数据采集工作，再将监测数据整理、分析后给出相应的反馈结果，并对具体情况发出报警信号。人工操作耗费大量人力、物力、财力，难以做到监测数据的实时处理和反馈。本章提出基于 BIM 的高铁桥梁可视化监测系统可综合考虑具体工程的要求，针对不同的监测目标和监测数据，设置不同的报警阈值，将监测数据与预警值进行实时比较，判断监测数据是否超限，一旦监测数据达到报警阈值，可视化监测系统便会采用页面弹框、模型变色等方式提醒工作人员。

　　在高铁桥梁施工监测中，应力信息是监测中最能反映桥梁结构安全状态的监测项之一，几乎是高铁桥梁施工监测的必选监测内容。在预应力混凝土连续梁桥施工期间，梁体混凝土压应力和拉应力均应满足设计要求。然而，传统监测技术的监测数据处理存在明显的滞后性，而且需要依赖技术人员判读监测数据是否满足设计要求。当数据异常时，难以做到及时报警，严重时，会导致工程事故的发生。借助 BIM 平台对高铁桥梁施工过程中各个阶段的构件应力信息进行实时的可视化展示，直观体现结构各部件的应力分布情况，人们可实时掌握应力信息反映的桥梁结构状态。当部分区域应力分布失常时，施工管理人员及时发出预警信息并暂停施工作业，并通过可视化平台查看预警区域，有针对性地查找原因。同时，BIM 可视化平台还能对导致应力超标的原因进行分析，提高施工决策的准确率。施工监控应力信息在 BIM 中的可视化能及时纠正施工误差，减小下一阶段的施工控制误差，有效地降低由于施工控制不及时、不准确带来的安全威胁和不必要的财产损失，监测数据异常报警框架如图 4-13 所示。

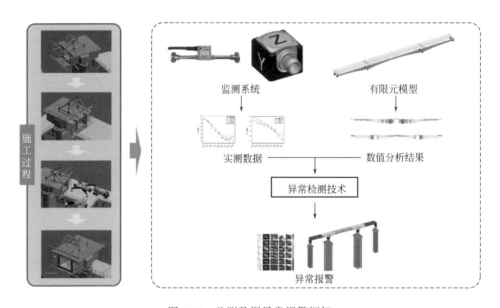

图 4-13　监测数据异常报警框架

监测数据异常监测也被称为离群点监测，是数据挖掘的重要组成部分，它的主要目标是寻找与大部分其他对象存在明显差异的对象，本章中主要将其用于判断实测数据是否异于理论分析数据，常用方法包括以下几种：

（1）基于分类的异常监测技术

基于分类的异常监测技术属于有监督学习的方法，这种方法需要用大量的数据训练模型，才会有较好的结果。使用该方法时，异常数据监测流程主要分为训练阶段和测试阶段，在训练阶段使用已标签过的数据进行分类模型的训练，在测试阶段使用未做标签的数据在已训练好的模型中进行分类。基于分类技术的异常监测，需要对已有数据做标签，该方法通常把数据分为两类（正常数据和异常数据），常用方法有支持向量机法、神经网络法。

（2）基于聚类的异常监测技术

聚类技术是数据挖掘中的重要技术，是把属于一类的数据归集，通过聚类构建数据模型，而当异常点在模型监测时会被监测为不属于该模型的一类。在异常监测过程中通常把异常点定义为属于一个非常小的类或不属于任何类以及明显不同于其他类的类，由于正常的数据一般属于数据量较大的类，在其中更能监测出异常数据。异常点通常是聚类技术的副产品，这种方法把不属于任何类的数据当作异常点，但是也有一些算法最终输出的是异常点，如基于密度的带噪声应用空间聚类（DBASCN）、K^θ 均值聚类（K-Means）、模糊 C 均值聚类（FCM）、基于随机搜索的大型应用聚类（CLARANS）等。常见的聚类方法有层次聚类、基于划分的聚类、基于密度的聚类等。层次聚类是在最开始的时候将所有数据点本身作为簇，然后找出距离最近的簇将它们合成，重复上述过程直到达到设定簇的阈值，是目前常用的方法。

（3）基于距离的异常监测技术

通过把数据集中的数据视为高维空间中的点，如果一个数据点与数据集中的大多数点之间的距离大于某个阈值，则该点为异常数据点。从定义中可以看出，判断数据点是否为异常点受所选择参数的影响。基于距离的异常监测技术理论上可以适合于任意维度和任意类型的数据，若数据的某一属性是非数据类型，通常把该属性按照一定的规则转换为数值类型，从而可以进行距离的计算。

（4）基于统计的异常监测技术

统计方法是最早出现的异常监测技术，是一种基于模型的方法，即为数据建造一个模型，并且根据数据对象的拟合模型来评估它们。用于异常监测的大多数统计方法是构建一个概率模型，并考虑对象符合该模型的可能性。在这种方法中，假设原始数据集服从随机分布（如指数分布或正态分布），通过分析数据的散度情况（数据变异指标）了解数据的总体特征，从而发现数据集的异常点。常用的数据变异指标有极差、均差、标准差、方差、四分位数间距等，通过这些变异指标确定数据集的分布参数，然后采用不一致性检验测试方法进行分析，监测出异常数据点。基于统计的异常监测技术一般分为两个步骤：建立模型、测试阶段。

传统监测技术由于施工视频监控和监测数据缺乏关联性，监测数据异常时，技术人员难以直观了解现场情况，可能会导致事故的进一步扩大。为保证施工过程的安全性，依托现场布设的施工视频监控，开发应力监测预警模块，并将其嵌入 Autodesk Revit 软件。预警模块自动读取采集箱 4G 传输模块回传的应力数据，与设定的应力阈值对比，若应力数据超过设定阈值，则依据监测数据对应的时间自动截取摄像机记录的施工视频并存档，同时将传感器编号，将超限数值等信息通过弹窗、短信、电子邮件的形式发给技术人员。该高铁桥梁各个施工阶段下的应力实测值与有限元计算得到的理论值基本一致，远小于实际报警阈值，为测试报警功能，设定一个虚拟阈值，弹出的警告窗如图 4-14 所示。该功能将监测数据与设定阈值实时对比，避免了用传统方式处理数据产生滞后性，同时施工视频可为超限数据分析提供参考。

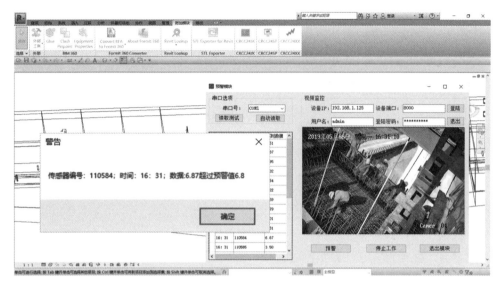

图 4-14　弹出的警告窗

第三节　工程案例

1. 连徐铁路跨越沂河西大堤连续梁桥

为确保连徐铁路跨越沂河西大堤连续梁桥（图 4-15）的安全和稳定，保证结构的空间位置、受力合理、线形平顺，进而为桥梁安全、顺利地建成提供技术保障，基于 BIM 为该桥设计并安装了施工监控系统。该施工监控系统主要设计目标包括：①观测连续梁桥在施工过程中的偏移、挠度等情况，确保梁桥结构的可靠性和安全性，保证梁桥成桥桥面线形及受力状态符合设计要求。②测试连续梁桥在施工过程中及成桥后梁、墩的应力状况，对梁桥主要截面进行内力监测，掌握施工全过程中箱梁、墩的内力，使施工过程中不会产生过大的不合理内力及残余力、裂缝。③对通过监测获得的连续梁、桥墩在施工各阶段的变形、应力等综合信息进行施工日常管理；对设计和施工方案的合理性进行评价，为优化和合理组织施工提供可靠信息，并指导后续施工。④规范记录梁桥整体结构施工信息与材料使用信息，保证质量责任落实，监督材料和施工的质量。

图 4-15 连徐铁路跨越沂河西大堤连续梁桥

为实现上述目标,基于跨越沂河西大堤连续梁桥 BIM 进行了应力监测方案和视频监控安装方案设计,并开展了连续梁桥应力和视频监控测点布置方案优化研究。为避免供电线受施工设备及各类堆放物资的影响,本设计方案利用绝缘电工套管保护输电线路,如图 4-16(a)所示。此外,施工现场应力传感器及线缆的布置如图 4-16(b)所示,线缆采用沿箱梁内壁排布的方式,避免了施工堆放

(a) 利用绝缘电工套管保护输电线路

(b) 应力传感器及线缆的布置

图 4-16 应力监测系统现场照片

木材及钢材对线缆的影响。从采集箱旁的剩余电缆可以看出，采用本章所说方法设计得到的传感器及线缆布置方案，计算并考虑了施工因素的影响，满足了现场监测布线的要求，避免出现线缆接头，并且仅少部分线缆有结余。

此外，根据本章的方法设计得到的视频监控方案，在挂篮主桁的竖杆上安装摄像机，如图 4-17 所示。视频画面清晰，实际视角与 BIM 设计方案视角相似，且覆盖整个施工作业面，为施工作业管理者提供实时画面，避免在传统方法下安装视频监控时需要实地测试、调整的做法。

图 4-17　摄像机安装的位置与视频画面

基于安装的应变传感器，可采集施工全过程中高铁桥梁关键点的应变信息。然而，应变传感器实测数据包含结构真实受力应变和非荷载作用应变。非荷载作用主要包括温度效应、混凝土收缩徐变等，因此，进行应力数据分析时要剔除非荷载作用应变的影响。基于采集的应变数据和混凝土实测弹性模量可计算得到混凝土应力数据，其中，零号块端部应力监测数据与理论应力对比如图 4-18 所示。零号块截面在各个施工阶段下的应力实测值与有限元计算得到的理论值基本一致，零号块截面在施工过程中全截面受压，实测压应力最大值在 7.0MPa 以内，远小于基于有限元计算得到预设报警值。

2. 盐城至南通高速铁路九圩港大桥

九圩港大桥为有砟轨道预应力混凝土单线连续梁桥，左右两侧临近铁路干线，呈南北走向，如图 4-19（a）所示。九圩港大桥设计列车速度为 160km/h，该桥采用（68＋132＋68）m 三跨连续梁跨越通扬运河，桥梁轴线法线方向与主航道中心线交角为 10°，与河道斜交角为 84°。该连续梁桥共有 4 个桥墩，主墩位于通扬运河两侧，左侧主墩墩高 15.5m，承台尺寸为 13.75m×17.5m×3m；右

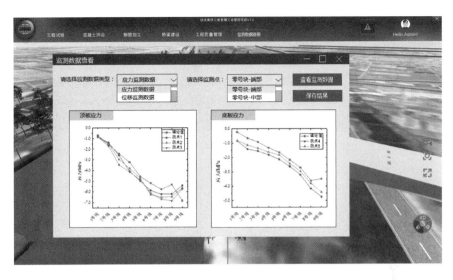

图 4-18　零号块端部应力监测数据与理论应力对比

侧主墩墩高 15m，承台尺寸为 13.75m×21.25m×3m。通扬运河为Ⅲ级通航河道，河道净宽 120m、净高 7m，通航孔设计为单孔双向通航，设计通航净跨 126.7m，设计通航净高 12.1m。基于设计参数建立的九圩港大桥 BIM 如图 4-19 （b）所示。其中，主梁共分为 73 个梁段，零号块长度为 14m，主梁梁体内为单箱单室、变截面结构，箱梁腹板两侧与顶底交接处外缘采用圆弧倒角过渡。全联式中、端支点及中跨跨中设置 5 个横隔，横隔上有孔洞，可供检查人员通过。

(a) 九圩港大桥效果图

(b) 九圩港大桥BIM

图 4-19　盐城至南通高速铁路九圩港大桥

与连徐铁路跨越沂河西大堤连续梁桥类似，为确保九圩港大桥的施工安全，保证桥梁结构的受力合理和线形平顺，基于 BIM 为该桥设计了施工监测方案，实时监测结构应力、线形、温度等，监测点布置方案和监测系统现场照片如图 4-20 所示。

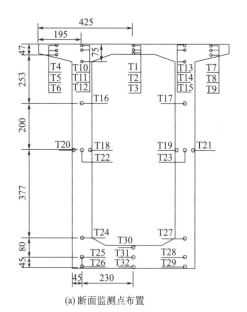

(a) 断面监测点布置

(b) 传感器现场布设图

(c) 温度传感器

(d) 振弦式应变传感器

图 4-20　九圩港大桥监测点布置方案和监测系统现场照片

高铁桥梁对线形平顺性的要求较高，仅靠调整成桥后施工道床，再进行轨道纵向线形的调整幅度十分有限，因此，在高铁桥梁施工修建中对合龙精度提出了更高的要求。温度是影响桥梁悬臂施工过程中主梁挠度的重要因素之一，由于施工过程中难以消除温度的影响，桥梁施工实际线形控制精度会产生较大的误差。九圩港大桥在合龙当天实测了箱梁温度，计算得到的最大悬臂端竖向位移变化曲线如图 4-21 所示。通过选择合适的合龙时间，可以达到预期的成桥线形，成桥后实测梁底曲线与理论曲线对比如图 4-22 所示。成桥后的线形连续光滑、无突变，与理论预期目标差别较小，底板实测标高和考虑预拱度之后的标高基本一致，九圩港大桥施工监测系统有效地保障了该桥的施工安全，提高了施工质量。

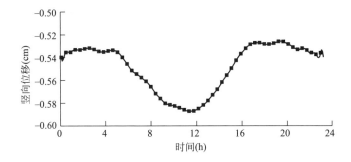

图 4-21　最大悬臂端竖向位移变化曲线

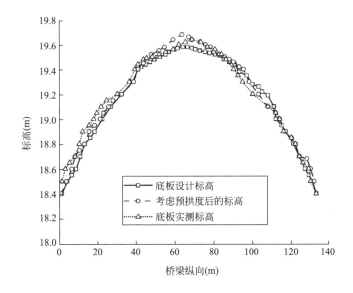

图 4-22　成桥后实测梁底曲线与理论曲线对比

　　此外，由于九圩港大桥位于台风高发区，为保证台风期间的施工安全，在监控方案中增加了风特性监测模块，如图 4-23 所示。

　　通过实现 BIM 与监测数据的关联，可利用 BIM 实现桥梁施工监控数据的有效管理。在此基础上，根据连续梁桥施工安全监控及成桥验收竣工项目的需求，通过 BIM 还可以导出包含各控制截面监测点监测数据、BIM 尺寸等数据的明细报表（图 4-24），保证监测数据的智能性、可靠性，有效地提高现场施工监测人员的工作效率，增强项目各参与方对桥梁施工进度和施工质量的把控。

3. 南京长江大桥

（1）项目背景介绍

南京长江大桥位于江苏省南京市鼓楼区下关和浦口区桥北之间，是长江上第

高铁连续梁桥施工智能化监控方法与实践

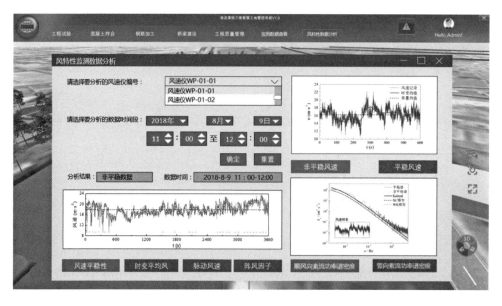

图 4-23 九圩港大桥风特性监测模块

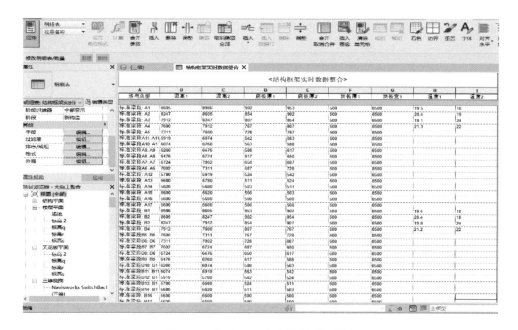

图 4-24 基于 BIM 生成数据明细报表

一座由中国自行设计和建造的双层式铁路、公路两用桥梁，在中国桥梁史和世界桥梁史上具有重要意义，如图 4-25 所示。南京长江大桥上层为公路桥，全长 4589m，公路行车道宽 15m；下层为铁路桥，全长 6772m，宽 14m。大桥由正桥、引桥及桥头堡组成，其中，正桥为钢桁架结构，长 1576m，采用 9 墩 10 跨，三孔一联（1×128m＋3×160m＋3×160m＋3×160m）的形式。主桁架是由杆件组成的平行菱形桁架，铁路引桥为 T 形梁桥，公路引桥为双曲拱桥。

图 4-25　南京长江大桥

由于公路荷载、铁路荷载及复杂环境荷载的长期作用，南京长江大桥自建成通车起，至今，已大规模修缮 5 次。为保证大桥的长期服役性能，管养单位为其安装了长期健康监测系统，监测点布置方案如图 4-26 所示，实时监测复杂荷载作用下南京长江大桥的服役状态。

（2）南京长江大桥监测数据可视化

为建立南京长江大桥的 BIM 模型，根据南京长江大桥设计图纸及现场调研结果，将桥梁各个构件分为参数化族和特殊族分别建模。参数化族包括承台、墩身、铁路横梁、公路横梁、三角支撑、节点、公路灯、铁路灯等，特殊族包括大桥头堡、小桥头堡、路灯、红旗等。首先，根据设计图纸确定各个构件的平面坐标、标高等数据，将构件族实例拼装为一联钢桁架正桥模型。然后，采用相同的方法建立 9 墩 10 跨完整的正桥模型，在此基础上拼接公路、铁路的引桥及大小桥头堡，得到南京长江大桥全桥 BIM 模型拼装示意图，如图 4-27 所示。

由于南京长江大桥部分附属设施（如栏杆、路灯等）的图纸缺失，无法建立精确的 BIM 模型。然而，这些附属设施的模型精度对监测数据可视化及后续应用的影响较小，这部分结构的参数主要依靠现场测量及相关图像资料获得，尽量把附属设施的模型精度控制在可接受范围，满足 BIM 模型展示效果。

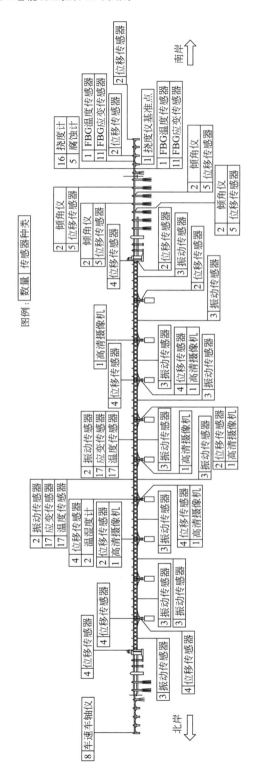

图 4-26　南京长江大桥监测点布置方案

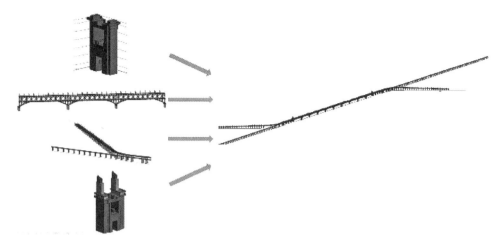

图 4-27　南京长江大桥 BIM 拼装示意图

在 Revit 程序的监测系统快速建模模块中，点击"风速仪"，输入创建模型位置偏移量（x、y、z）的坐标数值（单位与桥梁模型的单位一致）。点击创建后，在 BIM 模型上点击一条线，其起始端点作为参照坐标原点，在相对参照坐标原点偏移（x、y、z）的位置生成风速仪模型。同理，用相同方式创建腐蚀计、支座位移传感器、光纤光栅应变传感器、倾角仪、振动传感器等传感器的 BIM 模型。参照南京长江大桥监测点布置方案，传感器模型分布示意图如图 4-28 所示。

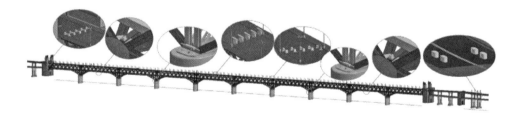

图 4-28　传感器模型分布示意图

以南京长江大桥 2020 年 1 月 5 日 20～21 时，一个风速仪（型号 EN2-B、设备编号 FS-08-01），一个位移传感器（型号 CLMD1、设备编号 WY-07-01）及一个振动传感器（型号 DH610、设备编号 JSD-06-01）的监测数据为例介绍，如图 4-29（a）～（c）所示。监测数据被导入后，进行中值滤波处理，并以动态折线图展示数据，人们通过传感器的颜色变化可直观地了解大桥工作状态。若传感器颜色偏紫色，表明该传感器采集的数据在阈值范围内；若传感器颜色偏红色，表明该传感器采集的数据已超出阈值；若实测数据超出阈值将弹出警告窗口，如图 4-29（d）所示。

(a) 风速仪 (b) 位移传感器 (c) 振动传感器 (d) 警告窗口

图 4-29 监测数据报警界面

基于本章介绍的文件读写程序、监测信息可视化表达方法、自动报警程序，南京长江大桥管理人员可根据风速仪、温湿度传感器等传感器模型的颜色直观、快速地掌握桥址区环境状况，进一步点击传感器模型可了解该监测点传感器监测数据，更具体地了解环境状态。此外，若应变传感器、位移传感器、振动传感器等传感器的模型颜色达到Ⅳ级报警（浅绿色）状态，则弹出窗口报警。点击相应的传感器模型，通过折线图和表格的形式可详细了解该监测点的监测数据，并判断是否需要向上级报告，是否需要取相应维护或避险措施，避免造成重大损失。

第四节　本章小结

本章基于高铁桥梁 BIM 模型，介绍了 BIM 技术在高铁桥梁施工监测数据可视化中的应用，主要包括监测方案设计、线缆排布、BIM 与现场监测数据关联、监测数据管理、监测数据可视化、监测数据异常自动报警等内容，并介绍了相关技术在连徐铁路跨越沂河西大堤连续梁桥、盐城至南通高速铁路九圩港大桥、南京长江大桥等实际工程中的应用，有效地帮助相关部门高效、便捷地掌握桥梁状态。具体结论如下：

（1）基于建立的高铁桥梁 BIM 和监测设备的 BIM 模型，可方便高效地确定施工监测点的位置（包括应变监测点、视频监控点等）和仪器线缆排布的最优方案，实现高铁桥梁施工监控方案的可视化与精细化设计。

（2）基于 Revit API 接口开发的监测点与传感器模型的关联模块，可根据监测方案快速建立监测系统模型，并关联其对应的传感器数据，通过点选监测点模型可查看对应的监测数据。此外，该关联模块在监测数据出现阈值超限时，可自动报警并记录相关视频，实现对桥址区环境因素和高铁桥梁施工状态的分级自动报警。

（3）基于 Revit 开发的高铁桥梁施工监测数据可视化程序，可将监测数据作中值滤波处理，并将处理后的数据线性变换为对应的 RGB 值，进而通过改变传感器颜色和动态折线图展示实时监测数据，实现了高铁桥梁施工监测数据的可视化。

通过多个工程案例对所提出的方法和程序进行了验证，结果表明：所提出的文件读写程序、监测信息可视化表达方法、自动报警程序，能够实现高铁桥梁施工监测数据的自动提取、可视化表达和自动报警，从而为 BIM 模型在高铁桥梁施工监控中的应用提供技术支持。

第五章　桥梁施工场地风险智能识别

　　桥梁施工场地是一个动态环境，包括许多工种施工人员作业以及各类机械设备。施工现场工作环境复杂，施工人员在施工过程中不可避免地面临潜在的安全和健康风险，因此，保障施工人员及机械安全在整个施工管理中很重要。有效的现场监督是确保安全管理的重要手段之一，近些年桥梁施工场地的风险智能识别是人工智能技术在施工现场应用的一项前沿技术。风险智能识别最重要的目的之一是保持对施工人员、机械活动与过程的追踪，并确保整个项目符合预期的施工进度，同时对施工人员的安全状态进行监督及预警。

　　桥梁施工场地风险智能识别包括：基于计算机视觉、运动学、音频三方面的智能识别。基于计算机视觉的智能识别（使用二维图像/视频摄像机、三维范围相机，包括激光雷达），获取建筑工地的视觉数据用于进一步分析和处理。从建筑工地不同类型摄像机组成的视觉监测系统中，提取图像或视频中风险识别和评估过程所需的相关信息，分析视角范围内施工人员及机械的危险行为和相关的风险源。基于运动学的智能识别，采用加速度测量仪、陀螺仪等传感器，识别不同运动模式下施工人员及设备所进行的活动。传感器由微加工的电子芯片如惯性测量单元（IMU）组成，它提供有关的转速信息以及设备定位信息，用于收集运动数据。基于音频的智能识别依赖于执行某些任务的录音设备，已成为运动学智能识别的重要替代选择，常使用各式麦克风等音频设备收集处理数据，并运用信号处理技术及深度学习方法对采集的音频进行分析，用于分类和检测施工人员、机械设备等的活动类型。

　　本章将从计算机视觉、运动学、音频三方面展开，详细介绍当前桥梁施工场地风险智能识别领域的前沿技术。首先，介绍基于计算机视觉的风险源智能识别，并将风险识别分为目标检测、视觉追踪、姿态识别三方面。其次，介绍基于运动学的风险源智能识别，并分别对项目人员和施工机械的行为检测进行详细阐述。再次，介绍音频设备和音频数据处理方法，同时进行基于音频的施工机械行为识别阐述。最后，以合肥市涡阳路下穿箱涵工程风险源识别模块为例，介绍智能识别技术的应用，包括项目闯入人员识别、施工人员是否佩戴安全帽识别、是否进入电子围栏以及施工人员姿态识别。

第一节　基于计算机视觉的风险源智能识别

基于计算机视觉的风险智能识别包括三个方面，分别为目标检测、视觉追踪、姿态识别，是一个循序渐进的过程。图 5-1 为基于视觉的设备监控系统的典型工作流程。目标检测是基于视觉进行人员及设备分类检测。视觉追踪是在分类基础上从二维或三维空间追踪设备或人员。姿态识别是在目标检测和视觉追踪的基础上，进行行为识别和安全监测。

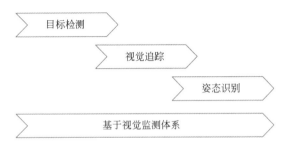

图 5-1　基于视觉的设备监控系统的典型工作流程

1. 基于目标检测的风险识别

在桥梁施工场地，施工任务可以分为两部分：一部分为施工人员使用各种技术、器具及材料进行施工作业；另一部分为施工机械执行的各种大型施工作业。为了让计算机理解施工场地的复杂场景，有必要从收集的图像数据中识别出涉及施工任务的项目实体类型（如现场施工人员、设备和材料）。目标检测算法可以直接用于识别施工场地的不安全条件和行为，例如，未穿戴个人防护设备、施工危险区域，以及有缺陷的工程材料等。安全背心和安全帽等安全装备的检测有助于区分施工人员与其他项目人员（如主管、工程师或行人），同时也能检测施工人员是否穿戴安全装备。此外，对施工人员和周围设备材料的检测有助于减小在场地能见度较低情形下施工人员的碰撞概率。图像或视频流中的目标检测是基于计算机视觉的风险源智能识别的基础，后期的目标追踪和姿态识别均基于这一前置步骤。例如，在民用建筑领域使用对象检测算法检测项目实体，包括施工人员、不同的建筑设备及建筑实体，在一系列图像或视频分解的序列图像帧中追踪感兴趣的对象。

对于二维图像数据，最常用的目标检测方法是将图像窗口划分成小的空间区域，从局部窗口提取特征，然后，对感兴趣的目标通过监督学习进行分类。在不同分辨率的图像内部所有位置进行全局穷举搜索，通常采用滑动窗口的方法寻找物体周围的边界框。一旦确定了潜在的子窗口，就需要选择合适的特征描述符提取图像特征，图像特征是子窗口图像的简化表示。通过提取二维目标的图像特征，对目标进行有效地分类，常见的特征提取方法有方向梯度密集直方图、局部二值模式、尺度不变特征变换等。

对于三维数据（例如点云），最经典的特征描述方法是基于点云空间分布的Spin-image，即自旋图像法。自旋图像法的思想是将一定区域的点云分布转换成二维的旋转图像，然后，对场景和模型的旋转图像进行相似性度量。对于深度图像，采用自旋图像法表征特征效果一般，而将形状和几何特征或内核描述符用于表征特征效果更佳。当特征确定时，可以使用多种方法对二维或三维图像上的物体进行分类。例如，线性支持向量机方法作为经典机器学习方法之一，已被广泛应用，为分类问题提供了有效的解决方案，尤其是基于直方图的图像分类。在机器学习基础上发展的深度学习方法具有更高的学习能力和网络鲁棒性，卷积神经网络已经被证明能够提供强鲁棒且是有效的分类器，具有学习大量数据集的能力。

针对目标检测已经开发了许多算法，结果表明：其检测性能高度依赖于算法实施时被检测目标和检测条件（如光照和视角位置）。因此，目前的施工场地应用研究均在特定的条件下测试现有的算法（例如移动物体），如何实现目标检测算法在任意建筑环境中具有强鲁棒性一直是具有挑战性的工作。由于用于检测的目标通常在施工场地中是移动的，因此，广泛采用背景相减的方法寻找待分类目标存在的前景矩形区域，这样就不需要进行耗时高的穷尽搜索。现有的二维图像中运动目标分割算法的精度和计算时间不同，可以根据需求选择适合场景研究目标算法。例如，为了得到更准确的分割结果，可以使用基于贝叶斯模型和中值滤波的方法。根据距离数据构建合适的三维局部模型（即目标对象），采用聚类算法如网格聚类算法。在特征提取方面，形状、颜色、运动等多种类型的特征已经得到了广泛应用，但如何提取与桥梁施工场地的各种施工人员及机械外观兼容的特征是具有挑战性的工作。作为一种基于形状的特征，Haar-like 和 HOG 特征被广泛应用于施工工人和设备的检测。基于形状的特征包括长宽比、高度归一化的区域大小、包围框的占用率，而基于颜色的特征包括区域的平均灰度颜色。两者均不受图像大小的影响，将两者结合，能够更好地提取特征。目标检测的分类器是项目实体对象检测的最后一步，目前广泛应用的算法包括支持向量机、k 近邻和自适应增强学习算法。根据提取的特征学习分类器，并在图像上识别施工场地中的施工人员及机械。

在目标检测中，分析所需的信息有：现场是否存在不安全的物体、所需的安全工具和设备是否存在、工人是否在不安全的区域、工人是否穿戴个人防护装备（如安全背心和安全帽）、工作区域是否过于拥挤、是否现场存放不当的爆炸物或危险材料等。针对这些类型的不安全条件和行为，目标检测技术已开始应用于桥梁施工场地，图 5-2 为桥梁施工现场施工人员工作服及安全帽的目标检测应用，通过搜索具有已知对象模型的图像检测感兴趣的语义对象。

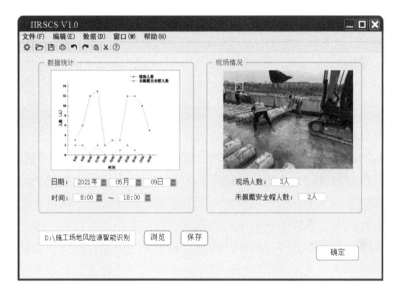

图 5-2 桥梁施工现场施工人员工作服及安全帽的目标检测应用

2. 基于视觉追踪的风险识别

通过对施工人员和施工机械的定位追踪，为实现目标检测和视觉追踪提供感兴趣对象的时空数据。例如，在施工场地挖掘机的活动范围内，基于目标检测方法识别挖掘机，进一步用于分析被检测工程机械与施工人员在视频图像中的相互关系。这项任务侧重于安全分析，主要评估工程机械和施工人员之间的接近程度。

桥梁施工场地中的实体风险（例如施工人员和机械）随时间不停变化，采用基于位置的追踪方法根据实体的空间几何信息计算并评估场景中的风险。这类信息对于识别不安全的情况必不可少，例如，工作位置不当（施工人员与设备之间或设备与设备之间）、机械操作不当（例如机械运行速度过快）。为了从视频图像中收集实体的位置信息，目前研究方法是针对一系列视频图像按轨迹逐帧追踪对象，并取得了不错的实际效果。在桥梁施工场地中，施工人员和工程机械随着时间不断移动。当工人或工程机械驾驶员不能识别到其他工人或机械在附近时，在执行施工任务的过程中可能发生碰撞事故或其他危险事件产生。基于位置的视觉追踪方法可以确定工人和机械在交叉作用的轨迹，通过预测可能发生事故的地点，允许管理人员适当地计划任务或提前预警。

对于二维视觉的追踪，有三种常用的方法：点追踪、核追踪、轮廓追踪。点追踪，利用一系列特征点代表目标对象，通过对每一帧图像之间的点进行匹配检测目标。核追踪，通过计算代表连续帧中对象形状和外观的核自身运动追踪对象。相比其他追踪方法，当追踪对象具有复杂的形状时（如施工人员），基于轮廓的方法可以提供更可靠的追踪。物体的轮廓用颜色直方图、物体边缘或轮廓表示，因此轮廓追踪器通过形状匹配和外轮廓追踪检测每一帧图像中的物体。有关施工中基于2D的追踪研究主要集中在通过比较施工项目实体（如工人和机械）的追踪性能，为施工应用选择合适的算法和方法。目前三种基于分割的追踪方法包括贝叶斯分割、活动轮廓、图切割，这些方法对较大、非刚性或可变目标表现良好。总体结果表明，贝叶斯分割的效果最好。活动轮廓可能不适合追踪因姿势和相机位置而产生形状变化的工人，而且图形切割会受到假阳性图像数据的影响。

对于三维目标跟踪，在建筑应用中有两种方法：基于三角测量的方法、使用三维距离传感器的方法。基于三角测量的方法使用至少两个不同视点的摄像机视频流。该方法基本上从两个视频流的二维对象跟踪开始，跟踪的二维对象轨迹通过基于基本矩阵、焦距、极几何的三角测量转换为三维坐标，从而将两个摄像机视图关联。事实上，由于处理数据所需的计算时间，这种方法在实时监控中使用有限。立体视觉摄像机系统可以横向替换多个镜头，并能够使用三角测量实时计算深度信息，从而作为减少计算时间的替代解决方案。与基于三角测量的方法相比，三维距离数据的优点是一旦检测到目标，三维定位就很简单。在各种类型的三维距离传感设备中，Flash激光雷达具有便携、廉价、帧率快等优点，适用于实时监测。项目实体的三维坐标可以提供有关移动（例如路径、速度、加速度和方向）和位置（例如接近其他实体）的信息，这是识别建筑工地不安全条件或行为所必需的。例如，可通过监测设备的速度确定工人或机械超速情况，同时，通过监测设备或工人的路径和位置判断工人是否越界或是否进入施工机械的警戒区域。上述基于视觉的施工目标检测与三维追踪流程图如图5-3所示，步骤如下：

① 在现场，从两个或多个摄像机收集视频流，视频流存在部分重叠视谱。

② 校准摄像机参数，建立外机几何结构。

③ 识别与新项目相关的实体（在前一帧中不可见实体，如挖掘机和工人），

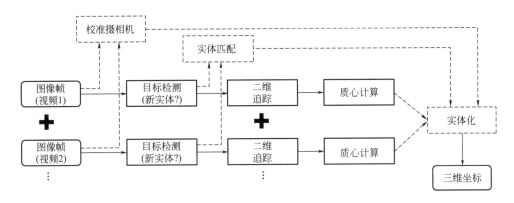

图 5-3　基于视觉的施工目标检测与三维追踪流程图

并识别每个视图中实体的像素区域。

④ 计算每个区域的质心二维坐标，并使用外极几何匹配多个摄像机可见的实体质心。

⑤ 随后使用基于二维视觉的跟踪技术跟踪每个实体的二维投影，再次计算每个跟踪投影的二维质心。

⑥ 通过对两个投影进行三角定位，将两个二维局部坐标集合转换为一个三维全局坐标。

3. 基于姿态识别的风险识别

姿态识别关注点在于施工人员的姿态、施工机械工作姿态、人机之间姿态关系。工人的不安全行为（例如用不当的姿势爬高）会导致高处坠落、物体打击等意外事故发生。施工机械施工时也存在不安全行为，例如挖掘机机械臂在拥挤区域旋转不当极易打击误闯入的工人或机械，从而造成伤害。因此，姿态信息的识别与评估对于工人和机械的安全作业起着关键的作用。作为在工地上收集运动信息的一种手段，姿态识别技术通过捕捉人机在连续图像中的特定姿态已经在施工中逐步应用。

人体姿态识别就是给图像贴上姿态标签的过程，主要包括两个步骤：图像表示、姿态分类。图像表示是从图像中提取人体特征（例如人体形状和实时运动），在概念上类似于目标检测过程中的特征提取。姿态分类的特征应该包含丰富的信息，足以对不同的姿态进行分类。

1）用于图像表示的特征类型可以分为：①全局表示，将人体区域作为一个整体进行编码。②局部表示，使用独立局部补丁的集合。③应用特定的表示，如应用关节位置或来自人体骨骼的关节角度以及运动加速度的表示。

2) 一旦包含人体姿态的图像被表示，图像特征就被分类为特定的姿态。常用的分类方法有：①直接分类法，如 k-NN 和 SVM 分类器分类法。②状态空间模型，如隐马尔可夫模型、条件随机场。③基于检测的方法，如词袋编码。虽然上述方法一般用于人体姿态识别，不能直接适用于施工机械姿态识别，但其程序和算法经过改进也可以间接地用于施工机械姿态识别。

在施工现场，姿态识别已经有多种应用，如通过跟踪项目资源的移动进行生产力和安全分析。曾经在施工领域中的研究工作经过测试，进一步开发了基于图像表示和动作分类的多种视觉方法，这些方法适用于跟踪和识别施工人员和机械的动作。施工人员和机械的图像表示是基于轮廓的特征，这是全局表示方法的一个特例。例如，将挖掘机轮廓在色相、饱和度和明亮度的颜色空间中进行分割，并计算轮廓的质心或重心像素位置，同时比较两帧连续图像中质心之间的距离是否超过阈值来确定挖掘机的位置移动。另外，可以将从设备获取的人员感兴趣区域的范围数据转换为灰度值，并从灰度图像中提取出一行特征向量。在提取特征向量后，利用线性判别分析对人员的站姿、蹲姿、弯腰、爬行状态分类。然而，基于轮廓的方法依赖于图像特征的抽象信息，通常只能在简单可区分的动作上表现良好，不佳视角、噪声和物体遮挡都会造成鲁棒性不高。考虑在建筑施工现场拍摄的图像通常包含显著的噪声和遮挡，而人们感兴趣的对象是具有铰接特点的机械（如反铲挖掘机）和人，将图像表示为局部描述符或补丁的集合可能更合适。利用时空兴趣点检测器检测图像上人员和机械的兴趣点，用 HOG 和 HOF 描述符描述兴趣点。为了找到每个动作的代表性特征，使用 K-means 算法对数千个特征进行聚类，创建一个特征代码本，进而使用贝叶斯学习方法对视频流中的动作进行分类，将时空兴趣点检测器与 HOG 等局部描述符结合。SVM 分类器使用一组时空模式的描述符学习，即用一个代码分类施工机械动作，如挖掘、牵引、倾倒和摆动。

使用基于图像特征的方法具有广阔的应用前景，并为工人和施工机械的姿态识别提供有价值的发展方向。然而，对于复杂动作，可以利用丰富的动作表示并结合关节位置和关节角提高动作识别的性能。这种方法的性能很大程度上依赖于连接对象的数据收集，是一个持续的挑战。为了解决此问题，最近的研究集中在从图像数据中提取人体骨骼的动作捕捉技术，其中，一种被广泛使用的方法是基于 RGB-D 传感器法。RGB-D 传感器捕捉场景上的 RGB-D 图像，通过联合检测算法或形状拟合算法提取三维人体骨架，但由于 RGB-D 传感器的工作范围较窄（4～5m），对光照条件敏感，以往的研究仅在室内环境。目前，最先进的一种基于视觉的动作捕捉方法，是使用多个摄像机在较少的操作条件限制下工作。该方法采用二维姿态估计算法从图像的多个视角提取二维骨架，并对二维骨架进行三维重建，获取三维骨架。与基于 RGB-D 传感器的方法相比，基于摄像机方法的精度目前相对较低，但足以识别实验中特定的不安全动作。结合基于 RGB-D 传感器方法的精度和基于摄像机方法的大范围操作优点，可以形成一种基于立体视觉摄像机的动作捕捉方法。与应用分类的基于图像动作识别方法不同，基于人体骨骼的姿态识别将动作处理为人体的一系列动作，为复杂姿态识别提供可靠支撑。

一旦确认工人和施工机械的姿态，便可根据现有的安全和健康规则评估与姿态有关的风险。对于施工机械而言，将目标跟踪中的位置信息与动作识别中的运行状态（空转和运行）结合，能够全面获取潜在的不安全姿态或条件。施工人员由于自身姿态行为面临安全和健康风险，需要制定不同的标准进行安全和健康监测。通过将定义的不安全姿态模板与工人长期的运动数据比较，自动检测出施工人员的不安全姿态动作。采用基于姿态的人体工效分析方法，基于人体角度对施工人员作业过程中的安全和健康风险进行监测和评估。

图 5-4 为姿态识别流程图。搭建深度神经网络，收集危险姿态数据集，对施工人员或机械进行预测。找到关节点，将关节点连成线，形成肢体连接。拼装肢体结构，形成施工人员或机械的骨架。对比姿态数据库，进行姿态识别、评估，判别是否属于危险姿态并进行预警。在桥梁施工场地实际应用时，可采用 OpenPose 开源框架提取施工人员、施工机械的姿态骨架，通过程序中风险源识别模块与摄像机通信获取实时视频流，识别施工人员和机械姿态，并比对姿态数据库，监测视频前端识别报警，同时将识别的危险作业

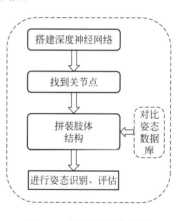

图 5-4　姿态识别流程图

信息实时传输给信息化平台。另外，可以将识别程序嵌入轻量化设备，通过无人机搭载设备，不定期巡检施工现场，识别不文明施工行为和违规行为，并通过4G/5G 通信传输至信息化平台，推送至相关部门。

第二节　基于运动学的风险源智能识别

1. 运动学检测方法框架

基于运动学的方法通过传感器识别不同的运动模式下施工人员及机械所进行

的活动，目前的传感器包括加速度测量仪和陀螺仪。例如，惯性测量单元（IMU）可以提供有关转速的信息以及机械的定位信息，用于数据处理。一些基于微机电系统（MEMS）技术的惯性测量单元，由于尺寸小和成本低，在应用中属于最受欢迎的类型，可以用于人员运动模式识别、摔倒检测。加速度测量仪和陀螺仪比较适合人员及设备的活动检测，用于捕捉沿着 x、y、z 轴的加速度和旋转。另一方面，全球定位系统（GPS）也是对人员和机械进行定位测试的重要手段，更多地应用在施工机械和工人的位置追踪。

图 5-5 为基于运动学方法的行为检测流程图，具体流程为：传感器信号读取—数据准备—特征提取—特征选择—特征标注—监督学习—模型评估—行为识别。

2. 项目人员的行为检测

人类活动识别用于解决时间序列分类问题，在不同领域应用（包括机器人、安全康复、普适性计算和娱乐）。在过去的十年里，穿戴式传感器和移动设备的快速发展为准确检测建筑工人的活动，改善施工过程创造了新的机会。在许多工程应用中，通过监测工人从事施工活动时的运动学信号（加速度、角速度、姿势），识别和跟踪人员的活动，用于安全监控、生产力测量、人体工程学评估和质量控制等。

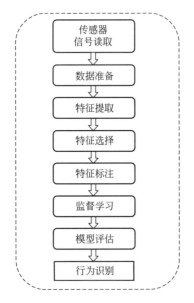

图 5-5　基于运动学方法的行为检测流程图

基于运动学的方法采用加速度计、陀螺仪等传感器，识别建筑工人的不同运动学模式。前述传感器可以被微加工为数据采集器（如 IMU），进而提供有关设备转速和方向的信息。MEMS 技术使得一些 IMU 具有体积小、成本低的优点，促使其成为不错的传感器。MEMS 传感器在一些行业中极为常见，如医疗保健、无监督家庭监控、坠落检测、天气监测、运动员运动模式识别、资产管理和工业控制等。MEMS 传感器逐渐被引入并用于土木建筑行业，例如人员生理监测、环境传感、接近探测、位置追踪、活动探测以及安全测量与监测。另外，因其成本低、体积小，通过加速度测量仪捕获和分析人员的行为活动也开始被广泛应用。最常见的 MEMS 传感器对人员坐姿、站姿、卧姿、登高爬低等活动的识别成功率较高。现阶段趋势是在人体的多个位置放置加速计，提高识别准确性，同时运用单三轴手机加速度测量仪进一步实现手机 APP 端结合手机内置传感器识别人员活动。与多位置传感器相比，单个传感器的分类结果会低一些，但它们对于长期活动监测场景更为可行，如目前已经有人员活动使用腰部或背部佩戴的单个加速计。图 5-6 为基于穿戴设备的人员定位系统效果图。

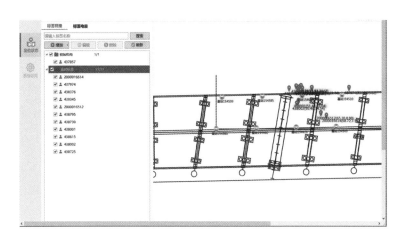

图 5-6　基于穿戴设备的人员定位系统效果图

3. 施工机械的行为检测

大多数施工机械在执行不同任务时会产生不同的运动信号，这些运动信号有加速度、角速度、磁场和方向数据，可以将每个活动与特定的运动信号模式关联。对于运动信号在施工机械行为检测中的应用已经有一些研究。开展的研究工作对行为检测的主要目标、施工机械的数量和类型、相应的行为类型、用于记录运动信号数据的工具、测试施工环境类型。基于运动的行为检测一般是处理运动信号记录和提取大量有用信息，具有一定的鲁棒性。采用机器学习算法，可以提取不同的特征、区分不同的行为，包括流行的处理技术、实现的机器学习算法类型、采用的数据特征、特征提取的过程以及最终的精度水平。

全球定位系统、射频识别标签和超宽带等在机械行为检测同样发挥着重要作用。需要指出的是，这些传感器在工程机械和工人位置追踪方面的应用更为广泛。相对而言，加速计和陀螺仪更适合用于施工机械的行为检测，通过捕捉沿 x、y、z 轴的加速度和旋转角度确定行为模式，其安装位置也影响施工机械行为检测的准确性。图 5-7 为基于 GPS 及各类传感器的塔式起重机运营状态监控系统，通过对多个塔式起重机的各类传感器数据收集处理，实现多塔式起重机实时运营状态评估及监控。

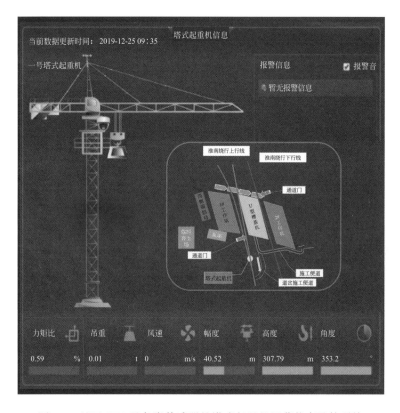

图 5-7　基于 GPS 及各类传感器的塔式起重机运营状态监控系统

第三节　基于音频的施工机械行为识别

1. 音频设备类型

基于音频的方法主要依赖于记录执行某些任务的设备声音模式，近年来逐渐成为基于运动学方法的合适选择。麦克风是记录音频最常用的工具，通过其表面或移动的振膜捕捉电声波，并产生相应的电子信号。麦克风类型主要有普通麦克风、接触式麦克风、麦克风阵列，见图 5-8。

麦克风可根据拾音模式和传感器类型分类。拾音模式是指设备如何区分不同方向的传入声音，包括全向麦克风、双向麦克风、单向麦克风。在全向麦克风中，拾音模式在所有方向上都相等，适用于捕获环境中的所有音频源。在双向麦克风中，拾音模式在两个相反方向相等，在与这两个方向为 90°时可以忽略不计。

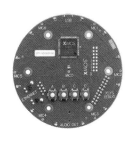

(a) 普通麦克风　　　　　　　　　(b) 接触式麦克风　　　　　　　　　(c) 麦克风阵列

图 5-8　麦克风类型

当需要捕捉两个面对面讲话的人的对话，双向麦克风特别适用。在单向麦克风中，拾音模式具有仅面向一个方向的心形形状。在以上几种麦克风中，单向麦克风应用最为广泛，因为它允许用户关注特定的音频来源。由于在杂乱的施工现场，多个施工设备和机器可能在不同的位置/方向同时工作，因此，拾音模式是施工现场声学建模的一个重要因素。麦克风传感器是指将物理激励转化为电信号的装置，包括碳麦克风、晶体和陶瓷麦克风、动态麦克风、电容麦克风、驻极体电容麦克风。根据传感器类型选择麦克风是施工现场的另一个关键考虑因素。传感器必须足够坚固，可承受恶劣天气和其他突发事件，同时，保持稳定的音频信号记录特性。

接触式麦克风采用单向压电传感器，其设计不易受空气传播声波的影响，而对表面传播的声波更敏感。其中，Korg CM-200 麦克风较为常用，它通常用于在录制或练习整个乐队时从特定乐器中捕捉声音。接触式麦克风与电容式麦克风相比，具有不易受结构振动影响的优点，在大型施工机械中具有较好的应用前景。麦克风阵列由两个或多个传声器串联组成，通常以线形、矩形和圆形排列，但有些麦克风阵列完全由定向麦克风或全向和定向麦克风的组合构成。基于阵列的麦克风的应用基于波束形成技术，包括语音增强、语音识别、声源定位、降噪、回声消除和声信号分离。其中，声源定位和声信号分离可用于定位重型设备，并将音频信号与在杂乱工作场所同时工作的其他机械分离。

2. 音频数据处理方法

采用信号处理算法对采集的音频数据进行分析，从而识别不同类型的野外活动。混合重型设备的音频样本几乎受到工作现场其他声源的噪声污染。为减少这种噪声对后续处理任务的影响，有必要在后续处理之前滤除尽可能多的噪声。噪声滤波还可以降低所需（设备）信号，因此，必须平衡滤波，有效地减少不必要的噪声，同时最大限度地减少所关注声音模式的失真。此外，由于工人和设备以间歇方式执行短期任务，因此，在假设工作现场的噪声源不恒定的情况下，过滤噪声必须有效。

由于不同机器产生的声音模式之间存在重叠，在工作现场处理同时运行的多台机器更具挑战性，需要先将每台机器产生的声音模式分开。对多台机器录音而言，不同机器的声音来自不同的方向。源检测和行为识别算法必须对来自特定方向的声音做出响应，阻断来自特定方向之外的大部分噪声。为了实现这个目标，第一步是估计感兴趣声音的到达方向。使用转向响应功率（SRP）估计不同机器的到达方向，其思想是信号源所在的位置比其他位置有更多的辐射能量。因此，可以通过扫描所有可行的角度并选择一个最大的功率识别到达方向。从 SRP 中提取距离、仰角、方位角后，利用波束形成技术将信号从期望方向分离出来。由一个空间滤波器形成波束，该滤波器使用来自多个麦克风的输入，尽可能多地隔离来自特定方向的信号。

采用短期傅里叶变换将音频信号转换至频域，通过将时间信号分成若干段并计算每段的傅里叶变换，提取每个段的正弦频率、幅值、相位等信息。对于后续处理，仅保留幅值信息。为了在录音中识别由施工设备执行的活动，训练各种分类机器学习算法，以便在执行主要活动（1 级）和次要活动（2 级）时，识别每件设备。常用的分类算法有支持向量机、决策树等。一旦为特定的施工机械设备生成分类器，即可用于对音频文件的其余部分进行分类。然而，直接采用分类器预测的活动将从一个时频域不稳定地变化到下一个时频域。因此，可采用窗口滤波算法对分类器的输出值进行平滑。窗口过滤参数包括小窗口大小、大窗口大小、阈值。首先，如果分类器的标签指示某个活动在整个小窗口中的百分比大于阈值，则整个小窗口被标记为该活动。然后，使用小窗口标签对大窗口大小重复此操作。窗口的大小在不同的情况下有所不同，但通常小窗口可以设置为 1/4s，大窗口可以设置为 1s 或 2s。

3. 施工机械行为识别

大型施工设备通常在执行某些任务时产生不同的声音模式，因此音频信号处理可以作为其行为识别问题的替代解决方案。为实现基于音频的施工机械行为检测，常采用麦克风收集音频数据，根据信号处理方法提取必要特征，进而检测和分类活动类型。声音识别一般包括以下四个主要过程：信号分析、特征提取、模型训练和模型测试。常用音频特征包括时间和频率特征，每个特征使用不同长度和重叠的帧。声音分类方法通过选择支持不同特征的分类器以获得较好的性能和可靠性。基于机器学习的分类器包括贝叶斯网络、朴素贝叶斯网络、决策树、随机森林、线性逻辑回归等。

大型施工机械行为识别的具体步骤为：首先，采用信号增强、特征提取算法等对麦克风采集的数据进行处理，减少不必要的背景噪声。其次，将过滤的音频信号转换为视频显示行为，使用机器学习技术对显示行为进行分类，并对分类器的输出进行窗口过滤，以区分不同的活动模式。对于车载设置，使用接触式麦克风会产生更好的效果，因而成为优先选择。当前的案例研究表明，在工作场所放置常规麦克风比在机舱中放置接触式麦克风更为有效，主要原因是直接安装在设备上的接触式麦克风会受到发动机噪声和振动的影响。使用常规麦克风和麦克风阵列识别单台机械设备的活动时没有显著差异，这是由于生成的音频信号仅有一个方向。针对多台大型机械设备，可使用单个或多个麦克风对其进行活动分析，并最终对整个施工现场进行声学建模。在多台机器（或多个音频源）存在的情况下，由于麦克风阵列可检测来自多个音频源的不同音频方向，常规麦克风和麦克风阵列的性能将存在显著差异。另外，还可将音频信号处理系统与其他活动分析技术（如计算机视觉）并行使用，从而提高识别结果并扩展至更广泛的应用范围。

第四节　工程案例

1. 项目概况

中铁二十四局集团江苏有限公司信息化项目"合肥市涡阳路下穿箱涵工程风险源识别模块"，围绕硬件组装、识别系统环境与框架搭建、场景训练集收集、安全帽及电子围栏设置等方面展开平台建设，开展了桥梁施工场地风险智能识别的项目应用。

2. 风险智能识别系统布置

图5-9为风险源识别模块技术流程图，其系统实现包括三个方面：前置工作，包括监控摄像机的布置、项目数据处理电脑及环境配置、基于海康威视SDK二次开发、工作场景训练集采集。功能模块，包括施工人员安全帽识别、电子围栏、施工人员及机械危险姿态识别、后续风险源开发功能。预警模块，包括风险源识别及实时预警、将预警信息上传服务器。下面主要介绍前置工作内容：

（1）监控摄像机的布置

涡阳路项目为箱涵顶进项目，在项目现场重点关注风险源区域为钢筋加工棚、基坑支护区域、既有线改签区域、箱涵顶进工作坑区域。重点对这四个区域进行监控摄像机的布置，选择海康威视高清网络球机，按照标准的音视频编码格式及标准的通信协议，通过光纤和桥接的方式接入交换机，进行视频图像的传

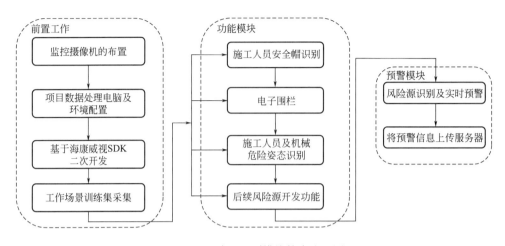

图 5-9　风险源识别模块技术流程图

输。海康威视高清网络球机满足以下技术要求：能够采集和传输不同分辨率下的昼夜实时视频，并针对低照度下光线不好的场景，通过红外补光使图像质量清晰，便于深度学习算法进行研判。

（2）项目数据处理电脑及环境配置

电脑配置为台式机，2.10GHz 八核处理器、内存 16G、Ubuntu20.04 操作系统、GeForce GTX 1080Ti GPU、8G 显存。操作系统中安装 Anaconda3.8、Pycharm4.0、Python3.8、OpenCV2.0 以及 OpenPoseV1.6 软件，使用 PyQt5 进行软件界面设计。

（3）基于海康威视 SDK 二次开发

海康威视 SDK 是基于摄像机设备私有网络通信协议开发的，为后端设备（嵌入式网络硬盘录像机、视频服务器），前端设备（网络摄像机、网络球机、IP 模块）等产品服务的配套模块，用于远程访问和控制设备软件的二次开发。项目风险源软件基于 SDK 二次开发模块读取实时视频数据，并将视频抽帧为图像，作为深度学习神经网络模型进行目标检测的数据源。

（4）工作场景训练集采集

深度学习模型的训练过程，依赖于从特定场景下提取目标特征信息供神经网络学习。通过施工前期使用摄像机获取的 1000 张施工人员及安全帽照片进行数据集整理（图像分辨率为 1024×1024 像素）。其中，按照训练集和验证集为 4∶1 的比例，将 800 张照片用作训练集，将 200 张照片用作验证集。通过人工裁剪、标签等一系列工作，形成深度学习模型进行训练的数据集。采用开源的标签工具 LabelImg 对安全帽和施工人员进行识别目标标签标注，数据集中，且施工人员和安全帽标签数量比例分布均匀，解决了数据集不平衡的问题。

采用目标检测算法 YOLO v5 进行网络模型训练。YOLO v5 采用 CSPNet 作为主干特征提取网络，实现多任务目标识别，同时，识别人员和安全帽，并对施工风险区域进行坐标定位，产生电子围栏。采用 OpenPose 进行人员姿态模型训练，形成人员姿态关键点，进一步将姿态关键点连接形成人员姿态骨架，实现姿态实时识别。

3. 识别应用场景

（1）施工现场混入人员识别

项目部人员管理一直是项目管理的重点之一，施工现场常常混入闲杂人员，影响施工现场组织管理以及正常秩序和运营安全。通过智能摄像机捕捉人员的脸部特征，准确、快速地辨识施工人员，由此获得每个进出施工现场的人员身份信息。一方面，可以监督施工场地中的工人施工情况，促使施工人员注意自身行为。另一方面，可以加强施工现场的安全管理，有效地杜绝闲杂人员随意进出施工现场。

图 5-10 为施工现场混入人员识别效果。对施工现场人员进行人脸识别，使用摄像机抓拍、存储人脸图片到指定文件夹，并与已录入的人脸照片进行智能比对。一旦现场摄像机捕捉到不在人脸数据库的人员，立刻进行后台预警，并推送信息提醒项目管理人员进行处理。

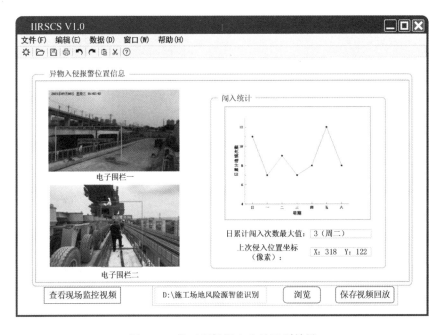

图 5-10 施工现场混入人员识别效果

（2）安全帽识别

安全帽识别模块能自动识别进入施工现场的人员是否佩戴安全帽，通过安装在施工现场的各类监控装置，构建智能监控和防范体系，有效地弥补使用传统方法和技术在监管中的缺陷，真正做到事前预警、事中常态监测、事后规范管理。此模块实现了施工现场安全生产信息化管理，保证了施工人员安全。

图 5-11 为安全帽识别系统界面。在施工区域部署安全帽识别摄像机，安全帽识别模块可以监测摄像机画面内是否有人员实时活动，监测到有人员活动时，识别人员是否佩戴安全帽。若人员未佩戴安全帽，则输出警告信息，通过摄像机扩音器喊话预警，同时，将拍摄的图片上传至服务器，并将相关信息给施工管理人员。

图 5-11　安全帽识别系统界面

（3）危险区域电子围栏

基于智能图像识别技术，在监控视频内设定危险区域，实时分析周界入侵、越线监测等情况，实现施工现场危险区域靠近预警，减少人身伤害，减小安全事故发生概率。

图 5-12 为电子围栏识别效果图，图 5-12（a）为电子围栏范围示意，图 5-12（b）

为人员进入电子围栏报警界面。对于具有危险性的施工环境，在监控范围内选取相应区域，设定为电子围栏区域，一旦出现施工人员未经授权进入该区域、超时滞留等，系统发出预警，提醒管理人员关注施工人员安全，以防出现意外。

 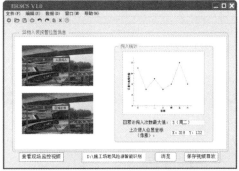

(a) 电子围栏范围示意　　　　　　　　(b) 人员进入电子围栏报警界面

图 5-12　电子围栏识别效果图

（4）施工人员姿态识别

在施工现场，施工人员会经常出现危险动作，例如施工人员有不当动作进行混凝土振捣、倚靠具有危险性的临时构筑物、在吊装作业区域坐下休息等。对这些姿态的识别，完全依靠施工管理人员在现场监督并不现实。传统的人员活动识别方法，虽然适用于多种任务，但在复杂施工环境中识别缓慢，且缺乏一定的可靠性。

OpenPose 是 2017 年由卡耐基梅隆大学开发的，用 C＋＋程序编写的，基于 OpenCV 和 Caffe 的实时多人关键点检测和多线程库系统。该系统是一种在单幅图像上联合检测人体、手部和面部关键点的实时系统，共有 130 个关键点，该系统算法在人体关键点估计上的计算性能不受图像中检测到人的数量影响，具有较高的精度。OpenPose 以 RGB 图像作为输入，输出图像中每个人的解剖关键点的二维位置。该系统有两分支的多阶段 CNN 处理图像，第一分支的每个阶段用于预测置信度图，第二分支的每个阶段预测部分亲和度场。首先，前馈网络实时预测一组人员二维身体部位的置信度图和一组人员二维身体部位亲和度向量场，用于编码人体部位之间的关联程度。其次，通过贪婪推理对置信度图和亲和度向量场进行解析，输出图像中所有人体的二维关键点。OpenPose 实时提供人体 18 个关节坐标，从而得到了包含人体位置和检测置信度的 JSON 格式数据。这 18 个关节坐标可以采用完整和独特的方式表示人员的每个手势，并且小数据集实现较小计算复杂度。通过向深度卷积神经网络输入 RGB 图像，OpenPose 可以实时检测人员面部表情、身体和手部关节。借助 OpenPose 的智能视觉识别算法能够有效地实现在线监督，为现场人员安全管理提供智能化的技术手段。

图 5-13 为施工人员危险姿态识别效果图，图 5-13（a）为标准作业姿态对比分析图，图 5-13（b）为施工作业姿态识别结果图。通过收集危险姿态数据集，前端摄像机可实时捕捉施工人员姿态，判别施工人员是否有危险姿态，当施工人员有危险姿态时，会产生预警，并通过系统后台推送给管理者。

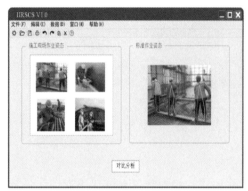
(a) 标准作业姿态对比分析图

(b) 施工作业姿态识别结果图

图 5-13　施工人员危险姿态识别效果图

第五节　本章小结

本章分别从计算机视觉、运动学、音频三方面论述桥梁施工风险智能识别，并介绍了其相应识别框架的流程、背后算法以及应用场景。以某工程信息化项目为背景，设计了风险源智能识别模块，通过平台开发实现了桥梁施工现场常见风险源的管控，包括项目闯入人员识别、施工人员安全帽识别、危险区域虚拟电子围栏以及施工人员姿态识别等。主要结论如下：

（1）基于建筑工地不同类型的摄像机组成的视觉监测系统，通过特征提取、特征匹配等算法，实现相应施工场景的目标检测、视觉追踪以及姿态识别。基于视觉的姿态识别既需要更高精度的深度学习算法，同时也需要海量场景数据集的收集和标签。

（2）基于运动学的传感器，如惯性测量单元和陀螺仪，通过识别不同的运动模式来判别施工人员及机械所进行的活动。高稳定性的硬件设备对于长期活动监测场景更为可行，但是各类传感器的大数据收集和处理对计算机性能和存储空间是一个挑战。

（3）基于音频的方法依赖于录音设备收集处理数据，并运用信号处理技术及深度学习方法对采集的音频进行算法分析，用于检测和分类人员及设备的活动类型。

（4）对施工人员姿态识别，并将识别的危险作业信息实时传输给信息化平台，供安全部门排查，实现监测视频前端识别报警的功能。安全帽识别精度、虚拟电子围栏以及施工人员姿态识别精度高，识别距离满足工程需求。

（5）施工场地风险源智能化监控系统的空间位置跟踪和初步姿态识别目前已经能够商业化，但更高精度的活动识别还需要借助高鲁棒性算法和高稳定性传感器才能转化为商业应用。

本章所介绍的桥梁施工场地风险源智能识别技术，仅仅以基于计算机视觉的方法进行工程应用。事实上，在智慧工地对于大型机械进行 GPS 定位，对于塔式起重机进行多传感器监控已经较为成熟，基于穿戴设备的施工人员风险监控也在探索应用中。对于基于音频的施工机械行为识别还在探索中，其音频采集设备和数据处理方法也日趋成熟。读者在今后的工程实践中，可以尝试将基于计算机视觉、运动学和音频的三种数据采集及智能分析方法进行系统集成与融合，探索复杂施工场地风险智能识别技术及其应用。

第六章　高铁连续梁桥施工期风速预测和分级管控

　　东南沿海地区是我国"八纵八横"铁路网重要建设区域。随着国家"交通强国"战略和"交通强国、铁路先行"决策的逐步实现，多条高铁线路已经或即将投入建设，高铁网络必将进一步完善。然而，该区域毗邻太平洋，每年会多次遭受台风侵袭，且全年基本风压值较大，并具有起风时间短、风速高、季节性强、风向不稳定等特点，给高铁连续梁桥的施工带来了巨大挑战。

　　与一般铁路桥梁不同，高铁连续梁桥对施工精度、工程质量及成桥后的通车质量提出了更高要求。对于大跨高铁连续梁桥，根据大气边界层内风速廓线指数分布规律，桥墩上部及桥面风速较 10m 处基准风速明显增大，导致作用于桥梁上部结构的风荷载通常较大。尤其是在施工期最大悬臂阶段，大跨度高铁连续梁桥的自振频率较低，一方面主梁和桥墩在静风压的作用下会产生较大的侧向阻力，梁根和墩底内力较大，容易引发侧向倾覆等事故；另一方面风在钝体截面绕流后产生复杂的漩涡和分离特性，可能引起桥梁风出现抖振危害，梁端的往复振动不仅增加了桥墩支撑处的负弯矩，还容易导致混凝土疲劳开裂。此外，台风期间高铁连续梁桥施工附属结构与人员安全也面临严峻的威胁。因此，有必要在高铁连续梁桥施工期对台风等恶劣天气进行实时监测与报警，并对施工过程中的关键风险进行分级管控。

　　本章以东南沿海某典型大跨高铁连续梁桥为工程背景，对桥址区台风期间风环境进行现场实测，同时基于遗传算法优化 BP 神经网络（BP-GA）对大跨度桥梁施工期阵风风速进行预测，并根据预测风速结果对现场施工进行分级预警及管控。

第一节　高铁连续梁桥长悬臂施工风环境监测

1. 桥址区风环境监测系统简介

以东南沿海某大跨度高铁连续梁桥为工程背景，该桥起终点里程分别为

SLDK009＋390.810～SLDK009＋660.710，为有砟单线轨道预应力混凝土单线连续梁桥，设计最高运行速度 160km/h。大跨度高铁连续梁桥全桥布置图如图 6-1 所示。

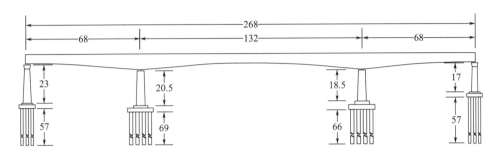

图 6-1　大跨度高铁连续梁桥全桥布置图（m）

该桥计算跨度为 268m，沿跨向布置为四墩三跨（68m＋132m＋68m），桥面不设人行道及检查车行车道。主梁采用单箱单室等高度变截面结构形式，材料为 C55 混凝土。箱梁顶宽 8.5m，顶板厚度 50cm，底板厚 50～100cm，按抛物线变化至中支点梁根部，中支点处加厚到 176.6cm；腹板厚 50～90cm，按折线变化。全桥在端支点和中跨跨中共设 5 个横隔板。主梁截面高度最小处 $H＝5.6m$，最大处 $H＝9.6m$，桥面板宽度保持不变，各处均为 8.5m。主梁采用挂篮悬臂施工，共设 73 个梁段，0 号块长度为 14.0m，一般梁段划分为 3.0m、3.5m 及 4.0m，中跨合龙段长 2.0m。桥墩均采用单线圆端实体桥墩，材料为 C35 混凝土。每个桥墩上方设有两个支座，全桥支座布置如图 6-2 所示。

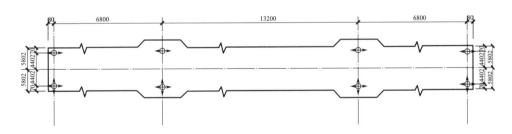

图 6-2　全桥支座布置

采用英国 Gill 公司的 WindMaster Pro 三维超声风速仪，对台风期间桥址区开展风环境现场实测，包括风速、风向和风攻角。风速仪被安装在主梁跨中两侧，如图 6-3 所示。风速仪最大采样频率可达 32Hz，风速量程上限为 65m/s，测量精度为 0.01m/s；风向角为 0°～359.9°，精度为 0.1°。测试过程中，风速仪的采样频率为 20Hz。当风自下方吹向水平面时，其与水平面的夹角为正攻角，反之为负攻角。

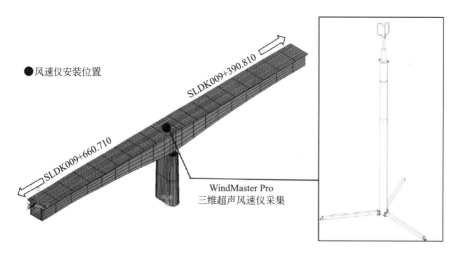

图 6-3　风速仪安装位置

在风速仪的安装过程中，主要有支架搬运携带不便、风速仪调平困难、指北不精确等问题。为解决上述问题，申请了一种可自动校正的组装式风速仪支架、一种时差法超声波风速仪及校准方法等发明专利，并将其成功应用于该桥的仪器安装过程，提高了风速仪安装效率与测量精度。

2. 大跨度桥梁长悬臂施工状态风特性实测分析

台风特性主要可分为平均风特性与脉动风特性。其中，平均风特性主要包括平均风速与平均风向；脉动风特性可用紊流强度、阵风因子、紊流积分尺度和功率谱密度等参数描述。选取 2019 年 8 月 10 日 22 时～2019 年 8 月 11 日 8 时台风期间 10h 的实测数据进行风特性分析，该时段的实测风速样本如图 6-4 所示。

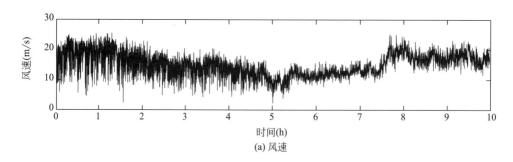

(a) 风速

图 6-4　台风期间 10h 实测风速样本（一）

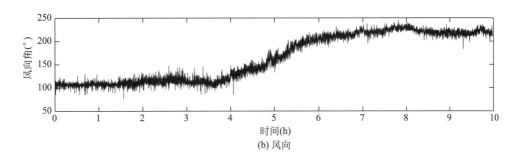

图 6-4　台风期间 10h 实测风速样本（二）

（1）平均风速与平均风向

风速是一个具有时变特征的矢量，由风速、方向、风攻角三者共同决定。通常情况下将基本时距内的原始风速分解为顺风向与横风向两个正交的风速，从而在各个方向上进行实测风样本的风特性分析。根据现行标准《公路桥梁抗风设计规范》JTG/T 3360—01 的规定，选取 10min 为基本时距，采用矢量分解法分别计算各台风的平均风速和平均风向。平均风速的计算公式为：

$$\overline{U} = \sqrt{(\overline{u}_x)^2 + (\overline{u}_y)^2} \tag{6-1}$$

式（6-1）中，$\overline{u}_x$ 和 $\overline{u}_y$ 分别为直角坐标系下 x、y 两个方向的风速平均值；$\overline{U}$ 为平均风速。

平均风向角 ϕ 的计算公式为：

$$\phi = \begin{cases} \arccos \dfrac{\overline{u}_x}{\overline{U}} & \overline{u}_x > 0 \\ 360° - \arccos \dfrac{\overline{u}_x}{\overline{U}} & \overline{u}_x < 0 \end{cases} \tag{6-2}$$

在此基础上，顺风向脉动风速 u 和横风向脉动风速 v 分别为：

$$u = u_x \cos\phi + u_y \sin\phi - U \tag{6-3}$$

$$v = -u_x \sin\phi + u_y \cos\phi \tag{6-4}$$

式（6-4）中，ϕ 表示实测风向角。按照上述方法，在 10min 基本时距下获得了 10h 的平均风速，以及顺风向、横风向脉动风速时程，如图 6-5、图 6-6 所示。

（2）紊流强度

紊流强度表示自然风中脉动风所占百分数，是确定结构脉动风荷载的关键参数。紊流强度为基本时距内脉动风速的均方根与顺风向平均风速的比值，即：

$$I_i = \frac{\sigma_i}{\overline{U}} \qquad i = u, v \tag{6-5}$$

式（6-5）中，I_u 和 I_v 分别为顺风向与横风向的紊流强度；σ_u 和 σ_v 分别为顺风

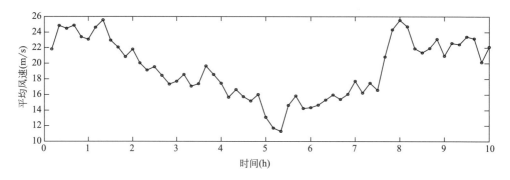

图 6-5　台风期间 10h 的平均风速

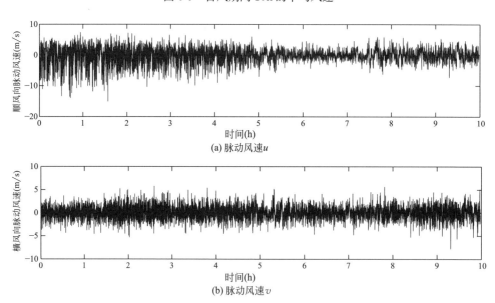

(a) 脉动风速 u

(b) 脉动风速 v

图 6-6　台风期间脉动风速时程图

向与横风向脉动风速的均方根。台风经过桥址区时，顺风向和横风向的紊流强度见图 6-7。

（3）阵风因子

风的脉动强度可用阵风因子表示，定义为阵风持续期内的平均风速与基本时距 T 内的平均风速的比值，通常取阵风持续期为 3s。顺风向阵风因子 G_u 和横风向阵风因子 G_v 的计算公式分别为：

$$G_u = 1 + \frac{\max[\overline{u_{3s}(t)}]}{\overline{U}_T} \tag{6-6}$$

$$G_v = \frac{\max[\overline{v_{3s}(t)}]}{\overline{U}_T} \tag{6-7}$$

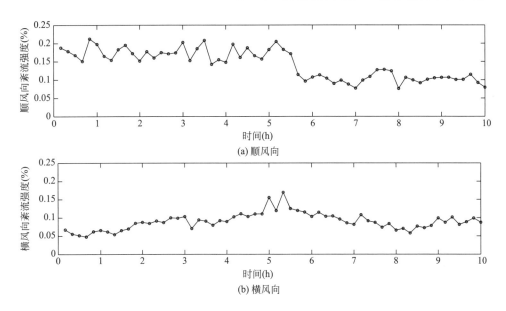

图 6-7　台风期间实测紊流强度

式（6-6）、式（6-7）中，$\overline{u_{3s}(t)}$ 和 $\overline{v_{3s}(t)}$ 分别为3s 持续期内顺风向和横风向脉动风速平均值；$\overline{U}_T$ 为基本时距 T 内的平均风速。台风期间实测阵风因子见图 6-8。

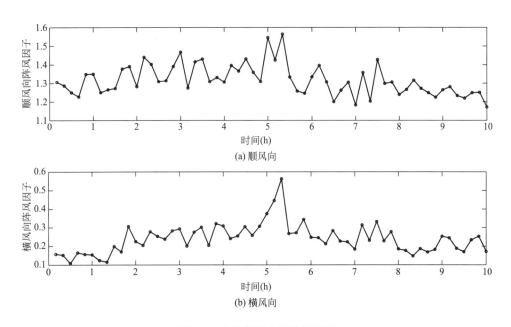

图 6-8　台风期间实测阵风因子

（4）紊流积分尺度

紊流积分尺度是度量脉动风中涡旋平均尺寸的重要参数。顺风向紊流积分尺度 L_u 和横风向紊流积分尺度 L_v 可通过自相关函数积分法计算，即：

$$L_i = \frac{\overline{U}_T}{\sigma_i^2} \int_0^\infty R_i(\tau)\mathrm{d}\tau \quad i = u, v \tag{6-8}$$

式（6-8）中，σ_i^2 为脉动风速的方差；$R_i(\tau)$ 为脉动风速的自相关函数，其中，τ 为时间间隔。为避免自相关函数较小时产生的误差，式（6-8）的积分上限通常取 $R_i(\tau) = 0.05\sigma_i^2$ 对应的 τ。根据式（6-8），分别计算出台风期间实测紊流积分尺度，如图 6-9 所示。

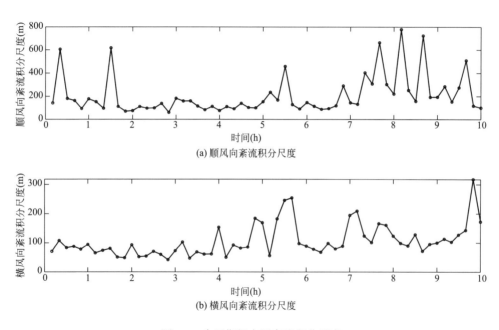

(a) 顺风向紊流积分尺度

(b) 横风向紊流积分尺度

图 6-9 台风期间实测紊流积分尺度

（5）紊流功率谱密度

脉动风可以认为由许多不同尺度的涡旋运动组合而成，运动周期从几秒到几小时不等的涡旋动能之和为脉动风的总动能。脉动风的功率谱密度表示了脉动风中各运动周期贡献大小，从统计学意义上描述了脉动风场的能量分布状态，是影响结构抖振，响应预测精度的关键参数。根据 Kolmogrov 假设和 Monin-Obukhov 相似理论，平稳脉动风速的功率谱密度可统一表达为：

$$\frac{nS(n)}{u_*^2} = \frac{Af^\gamma}{(B + Cf^\alpha)\beta} \tag{6-9}$$

式（6-9）中，$f=nz/\overline{U}$，为 Monin 坐标；n 为风的脉动频率；z 表示测点高度；u_* 为风的摩阻速度；A、B、C、α、β、γ 为 6 个待定参数，可通过最小二乘法拟合得到。

国内外学者通过大量强风现场实测，积累了多种有效的脉动风谱模型。其中，Kaimal 谱为我国规范推荐的水平向脉动风谱模型：

$$S(n)=\frac{200fu_*^2}{n(1+50f)^{5/3}} \tag{6-10}$$

式（6-10）中，$f=nz/\overline{U}$ 为 Monin 坐标；n 为风的脉动频率；$\overline{U}$ 是高度 z 处的平均风速。选取台风期间的风速样本，计算顺风向实测风速功率谱，并与经验谱模型进行对比，台风期间实测功率谱密度图如图 6-10 所示。

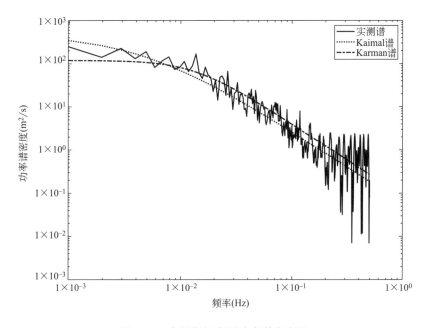

图 6-10　台风期间实测功率谱密度图

第二节　基于 BP-GA 综合算法的大跨度桥梁风速预测技术

台风等恶劣天气的侵袭可能引发大跨度高铁连续梁桥在施工阶段最大悬臂时的侧向倾覆，导致经济损失甚至人员伤亡。由于强风引起的事故与短期风速的最大值密切相关，因而准确的阵风风速预测方法对于提前采取风险防控措施、减小事故发生概率具有重要作用。

1. BP 神经网络

BP 神经网络是一类具有反向传播学习能力的神经网络，其基本思想是通过算法连续多次地搜寻，使其实际值和期望值的差值均方差降到最低。若网络输出数值与预期输出数值不相符，则会经过差值的反方向传播迭代计算修正，经过反复、多次学习，确定得到的差值对权值和阈值的影响。BP 神经网络具有较好的学习能力，鲁棒性好，能够以任意精度逼近任意非线性映射，适合求解多维度的复杂问题。BP 神经网络结构如图 6-11 所示。

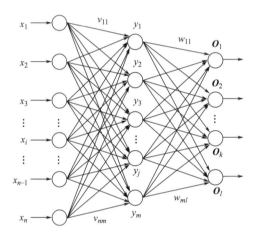

图 6-11　BP 神经网络结构

对于输出层有：

$$\boldsymbol{o}_k = f(net_k), k = 1, 2, \cdots, l \tag{6-11}$$

$$net_k = \sum_{j=1}^{m} w_{jk} y_j, k = 1, 2, \cdots, l \tag{6-12}$$

对于隐层有：

$$\boldsymbol{y}_j = f(net_j), j = 1, 2, \cdots, m \tag{6-13}$$

$$net_j = \sum_{i=1}^{m} v_{ij} x_i, j = 1, 2, \cdots, m \tag{6-14}$$

其中，变换函数均采用单极性 Sigmoid 函数：

$$f(x) = \frac{1}{1 + e^{-x}} \tag{6-15}$$

在对网络进行训练之前要对输入输出数据进行尺度变换，常用的方法是归一化法：

$$\overline{x}_i = \frac{x_i - x_{\min}}{x_{\max} - x_{\min}} \tag{6-16}$$

式（6-11）～式（6-16）中，$\boldsymbol{o}_k$ 为输出层向量，$o = (o_1, o_2, o_k, \cdots, o_1)^{\mathrm{T}}$；$net_k$ 和 net_j 均为网络层，k、j 表示第 k 层和第 j 层；w_{jk} 为隐含层到输出层的权值；$\boldsymbol{y}_j$ 为隐含层输出向量，$y = (y_1, y_2, y_j, \cdots, y_m)^{\mathrm{T}}$；$v_{ij}$ 为输入层到隐含层之间的权值；$\boldsymbol{x}_i$ 为输入向量，$x = (x_1, x_2, x_i, \cdots, x_n)^{\mathrm{T}}$；$x_{\max}$ 为输入量中的最大值；$x_{\min}$ 为输入量中的最小值；e 为自然常数，值为 2.718；$\overline{x}_i$ 为归一化后的输入变量。

2. BP-GA 综合算法

BP 神经网络的缺点在于它的训练时间长，并且容易陷入局部最优值，因此，引入了遗传算法（GA）对 BP 神经网络的训练过程进行改进。相比传统算法，利用 GA 优化 BP 神经网络的初始权值和阈值可减少训练次数，同时，也避免出现局部最优值。基于 BP-GA 神经网络的风速预测算法如图 6-12 所示。

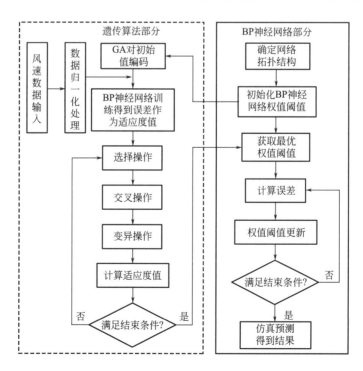

图 6-12　基于 BP-GA 神经网络的风速预测算法

（1）个体编码和种群初始化

在利用遗传算法分析问题时，需要对个体进行编码。对于分析多变量、高维度问题时，经常采用实数编码，即利用变量的真实值进行编码，每一个个体均为一个实数串，代表输入层与隐含层间权值、隐含层阈值、隐含层与输出层间权值及输出层阈值。

在风速预测研究中，由于神经网络具有多个输入，存在较多的待定权值和阈值，因此，本章个体编码方式采用实数编码。结合图 6-11 中 BP 神经网络结构，对个体进行编码以及种群初始化的过程如下：产生一个包含有 N 个体的种群，每一个个体代表 BP 结构初始层权重和阈值的分布情况，具体的初始权重和阈值的取值则代表了个体的基因，因此，个体编码长度由权重和阈值的个数决定，可表示为：

$$S = n \times q + q \times m + q + m \tag{6-17}$$

式（6-17）中，S 表示个体编码长度（基因的个数）；n 为 BP 神经网络输入层节点个数；q 为隐藏层节点个数；m 为输出 s 层节点个数。

（2）适应度函数

个体适应度值 F 为网络期望输出值和预测输出值的绝对误差之和，计算公式如下：

$$F = k \left(\sum_{i=1}^{n} |y_i - o_i| \right) \tag{6-18}$$

式（6-18）中，y_i 和 o_i 分别为第 i 个节点的期望输出和预测输出；n 为网络输出节点数；k 为自定义系数。

（3）选择操作

BP-GA 算法基于适应度比例，并采用"轮盘赌法"。其中，个体 i 的被选择概率 p_i 为：

$$f_i = \frac{k}{F_i} \tag{6-19}$$

$$p_i = \frac{f_i}{\sum_{j=1}^{N} f_j} \tag{6-20}$$

式（6-19）与式（6-20）中，F_i 为个体 i 的适应度值；k 为系数；N 为种群个体数目；f_j 为被选择的 j 个体适应度量；f_i 为被选择的 i 个体适应度量。由于网络训练误差越小，效果越好，更应当被保留。因此，这里将适应度值的倒数进行加权归一化后，得到个体被选择的概率。

（4）交叉操作

这里采用实数交叉法，即第 k 个染色体 a_k 和第 l 个染色体 a_l 在第 j 位交叉，方法如下：

$$a_{kj} = a_{kj}(l-b) + a_{lj}b \tag{6-21}$$

$$a_{lj} = a_{lj}(l-b) + a_{kj}b \tag{6-22}$$

式（6-21）和式（6-22）中，a_{kj} 为节点 k 对节点 j 的影响因子；a_{lj} 为节点 l 对节点 j 的影响因子；b 为权值，是随机数，取值为 $[0，1]$。

（5）变异操作

为了防止算法陷入局部最优，引入变异机制，对第 i 个体的第 j 个基因 a_{ij} 进行如下操作：

$$a_{ij} = \begin{cases} a_{ij} + (a_{ij} - a_{max}) \times f(g)， & r > 0.5 \\ a_{ij} + (a_{min} - a_{ij}) \times f(g)， & r \leqslant 0.5 \end{cases} \tag{6-23}$$

$$f(g) = r_2(1 - g/G_{max})^2 \tag{6-24}$$

式（6-23）和式（6-24）中，a_{ij} 为基因；a_{max} 为基因 a_{ij} 上限值；a_{min} 为基因 a_{ij} 下限值；r_2 为随机数；g 为迭代次数；G_{max} 为最大进化次数；r 为变异概率，取值 $[0，1]$。

3. 模型训练和预测

（1）模型相关参数的设定

建立风速预测模型时，需确定 BP 网络结构层数。由于拥有 3 层结构的 BP 网络可以以任意精度逼近任何非线性信号，并且其网络具有很强的非线性映射能力，因此在此采用 3 层 BP 网络结构。

进行网络训练时，需要设定网络的输入和输出，并对模型的训练采用逐步递进法，即用前 n 个风速值作为 BP 的输入，第 $n+1$ 个风速值作为输出。输出层神经元节点数目需根据具体问题确定，当进行风速一步预测时，输出层神经元节点数确定为 1。输入神经元数目选择较为灵活，理论上个数越多，网络的非线性逼近效果越好，但过多的神经元网络也会造成网络无法收敛的后果。参考 BP 网络风速预测相关文献研究成果，确定输入神经元数目为 15，即样本输入量（15维）：预测某一时刻前 15 个时刻的风速数据，共 15 维；样本输出量（1维）：预测某一时刻的风速数据（1维）。算法中，将前 15 个时间点的数据作为输入量，预测第 16 个时间点。前 15 个时间点分别对应其每个输入层的节点，第 16 个时间点数据为输出层的节点，即预测值，该神经网络输入层节点数为 15，输出层节点数为 1。

接下来需要确定隐藏层神经元数目，但是该层神经元数目的确定比较困难，目前根据经验公式和试算法被应用于隐藏层神经元数目 q 的确定，其经验公式为：

$$q = \sqrt{n + l} + a \tag{6-25}$$

式（6-25）中，n 代表输入层神经元数目；l 代表输出层神经元数目；$a \in [1, 10]$。根据式（6-25）计算结果并结合 Matlab 软件仿真结果，当隐藏层神经元节点数为 5 时，误差较小。在此神经网络隐藏层节点数选 5。除此之外，在训练神经网络结构时，还需确定学习效率、误差精度、训练最大次数等相关参数，详细取值见表 6-1。

训练 BP 神经网络的相关参数　　　　　　　　　　　表 6-1

参数名称	参数取值
学习效率	0.01
误差精度	1×10^{-6}
训练最大次数	1000

采用遗传算法进行优化获得合适的权重和阈值，由式（6-17）中确定个体编码长度：$S = 15 \times 5 + 5 \times 1 + 5 + 1 = 86$。表 6-2 给出了遗传算法中相关参数的取值。

遗传算法中相关参数的取值　　　　　　　　　　　表 6-2

参数名称	参数取值
初始种群数目	5
个体编码长度	86
寻优进化代数	50
交叉运算概率	0.08
变异运算概率	0.09

（2）阵风风速预测结果及误差分析

数据为 2019 年 8 月 1 日 00：00：00～2019 年 8 月 31 日 23：50：00 的风速。包括利奇马台风途经桥址区实测的风速数据，共有 4464 个数据。选取前 3125 个数据用于训练样本，后 1339 个数据用于测试样本。预测基本时距为 10min。采用提前 15 步的滚动预测方法，即用前 15 个时间点的数据预测第 16 个时间点数据，例如，用第 2～16 个时间点数据预测第 17 个时间点数据，依次类推。神经网络输入层有 15 个节点，输出层为一个节点。通过训练数据建立映射关系用于预测，风速预测神经网络结构图如图 6-13 所示。

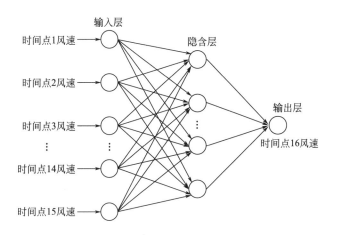

图 6-13　风速预测神经网络结构图

风速 1～5 步预测结果如图 6-14 所示。神经网络的输入层、隐含层、输出层节点分别为 15、5、1。实线为风速实测数据曲线，断续线为 BP-GA 神经网络算法的预测数据曲线。由图可知，预测曲线接近实际曲线，符合预测精度的要求，一步预测效果最好。

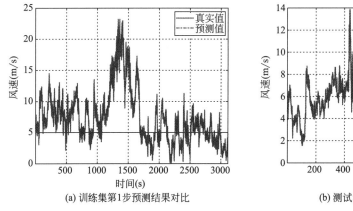
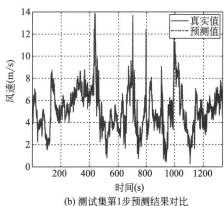

(a) 训练集第1步预测结果对比　　　　　　(b) 测试集第1步预测结果对比

图 6-14　风速 1～5 步预测结果（一）

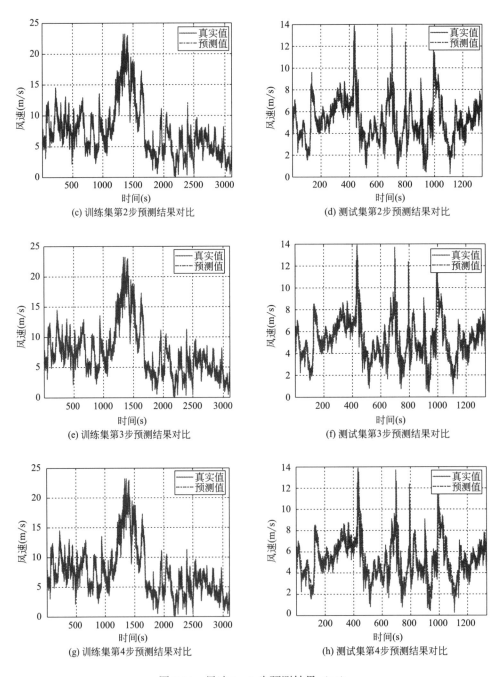

(c) 训练集第2步预测结果对比

(d) 测试集第2步预测结果对比

(e) 训练集第3步预测结果对比

(f) 测试集第3步预测结果对比

(g) 训练集第4步预测结果对比

(h) 测试集第4步预测结果对比

图 6-14　风速 1～5 步预测结果（二）

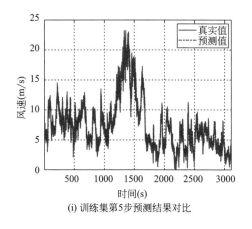

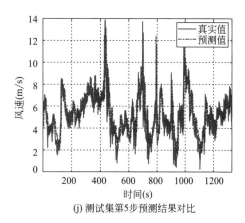

(i) 训练集第5步预测结果对比　　　　(j) 测试集第5步预测结果对比

图 6-14　风速 1～5 步预测结果（三）

（3）性能评估准则

为了验证模型的稳定性和精度，本节采用决定系数（R^2）、平均绝对误差（MAE）、均方根误差（$RMSE$）评价预测性能，定义如下：

$$R^2 = \frac{\sum\limits_{i=1}^{n}(y_i - \hat{y}_i)^2}{\sum\limits_{i=1}^{n}(y_i - \overline{y})^2} \quad (6\text{-}26)$$

$$MAE = \frac{\sum\limits_{i=1}^{n}|y_i - \hat{y}_i|}{N} \quad (6\text{-}27)$$

$$RMSE = \sqrt{\frac{\sum\limits_{i=1}^{n}(y_i - \hat{y}_i)^2}{N}} \quad (6\text{-}28)$$

式（6-26）～式（6-28）中，y_i 及 $\hat{y}_i$ 表示风速的实测值与预测值，N 表示样本数量。R^2 越大，MAE、$RMSE$ 越小，模型的预测性能越好。阵风风速预测的 R^2、MAE、$RMSE$ 结果见表 6-3。

阵风风速预测的 R^2、MAE、$RMSE$ 结果　　　　表 6-3

预测步长	训练集/测试集	R^2	MAE	$RMSE$
1	训练集	0.967	0.561	0.787
	测试集	0.864	0.489	0.734

预测步长	训练集/测试集	R^2	MAE	$RMSE$
2	训练集	0.940	0.782	1.071
	测试集	0.743	0.700	1.015
3	训练集	0.917	0.926	1.240
	测试集	0.676	0.790	1.154
4	训练集	0.901	1.019	1.357
	测试集	0.610	0.886	1.246
5	训练集	0.882	1.105	1.479
	测试集	0.573	0.929	1.304

由表 6-3 可知，对比风速提前 1～5 步预测误差结果发现，随着预测步数的增加，预测误差也越来越大，1 步预测误差最小，其中，1 步预测训练集 R^2、MAE、$RMSE$ 为 0.967、0.561、0.787；测试集 R^2、MAE、$RMSE$ 为 0.864、0.489、0.734。主要是因为每进行一步滚动预测时，上一次的风速预测值将会作为下一步预测时神经网络的输入，然而该风速预测值和实际值存在一定的误差，此次误差将会被代入下一次预测中，因此滚动预测步数越多，误差累积越大。

第三节　台风下大跨高铁连续梁桥施工期分级响应预警控制

1. 大跨度高铁连续梁桥长悬臂施工状态在不同的风速下的响应控制分析

对于高墩大跨度高铁连续梁桥，在悬臂施工阶段对风荷载的作用比较敏感，随着风荷载的不断加大，现场将逐步采取停止吊装作业、施工人员全部撤离、结构临时加固等控制措施，因此有必要结合风速预测方法提前预测施工现场风速值，提前采取应对措施，保证现场施工安全。

现行标准《公路桥梁抗风设计规范》JTG/T 3360—01 中提出，在陆地 6

级强风作用下"大树枝摇动，电线呼呼有声，举伞困难"，风速为：10.8～
13.8m/s；在 8 级大风作用下"人行前行感觉阻力甚大"，风速为：17.2～
20.7m/s；风力等级及对应的风速（陆地）见表 6-4。在现行标准《铁路桥涵
工程施工安全技术规程》TB 10303 中规定，恶劣天气、风力 6 级及以上时不
得进行起重吊装作业。现行行业标准《建筑施工升降机安装、使用、拆卸安全
技术规程》JGJ 215 规定，塔式起重机、升降机安装过程中的风速不得大于
13m/s，施工升降机顶部风速大于 20m/s 时不得使用施工升降机。综合可知在
风速超过 13m/s，现场即停止吊装作业，在风速超过 20m/s 时，大风对暴露在
外部的人员安全影响很大，尤其是处在高空作业的人员，在此风速下，现场工
作人员应尽快撤离到安全位置。

风力等级及对应的风速（陆地）　　　　　　　　　表 6-4

风力等级	陆地地面物征象	风速（m/s）
0	静、烟直上	0.0～0.2
1	烟能表示风向,但风向标不能转动	0.3～1.5
2	人面感觉有风,树叶有微响,风向标能转动	1.6～3.3
3	树叶及微枝摇动不息,旌旗展开	3.4～5.4
4	能吹起地面灰尘和纸张,树的小枝摇动	5.5～7.9
5	有叶的小树摇摆,内陆的水面有小波	8.0～10.7
6	大树枝摇动,电线呼呼有声,举伞困难	10.8～13.8
7	全树摇动,迎风步行感觉不便	13.9～17.1
8	微枝折毁,人向前行感觉阻力甚大	17.2～20.7
9	烟囱顶部及平瓦移动,小屋有损	20.8～24.4
10	陆上少见,见时可使树木拔起或将建筑物吹毁	24.5～28.4
11	陆上少见,有时必有重大损毁	28.5～32.6
12	陆上罕见,其摧毁力极大	>32.6

为避免强台风作用下钢筋混凝土墩底出现裂缝，须对台风作用下钢筋混凝

土墩底应力进行计算，并提前对桥墩进行临时加固，确保墩底应力满足抗裂要求。根据相关规范的规定，桥墩施工期间抗裂安全系数取 1.1，桥墩混凝土极限抗拉强度为 f_{ct}，施工期间墩底主拉控制应力为 $f_{ct}/1.1$，对施工期大跨高铁连续梁桥在最大双悬臂状态进行抖振时域分析，可以反算出墩底主拉应力 f 达到控制应力时桥面位置 10min 阵风平均风速最大值，并以此作为 Ⅰ 级报警阈值 $[\overline{U_1}]$。当通过风速预测方法预测桥面位置未来半小时内阵风平均风速最大值大于上述风速报警值时，则对桥墩采取临时加固措施，确保桥墩抗裂安全。

2. 桥梁抖振分析理论简介

台风作用下高铁连续梁桥施工期分级预警需进一步考虑桥梁抖振响应，本节对桥梁抖振分析理论进行简介，相关详细内容可参考《ANSYS 大跨度桥梁高等有限元分析与工程实例》一书。

桥梁风工程中通常将作用于桥梁结构上的风荷载分解为三部分：平均风引起的静风力、脉动风引起的抖振力、流固耦合引起的自激力。由于高铁连续梁桥主梁断面较小且整体刚度较大，主梁振动时对周围风场的影响较小，因此，气动自激力对抖振响应的贡献很小，采用 Davenport 抖振分析理论可仅考虑静风力和抖振力开展大跨度高铁连续梁桥施工期最大双悬臂状态抖振时域分析。

平均风引起的静风力一般通过一组无量纲参数（即三分力系数）表示。体轴坐标系下，主梁单位长度上的升力、阻力和升力矩可表示为：

$$F_V = \frac{1}{2}\rho U^2 C_V(\alpha_0) B$$

$$F_H = \frac{1}{2}\rho U^2 C_H(\alpha_0) H \tag{6-29}$$

$$M_T = \frac{1}{2}\rho U^2 C_T(\alpha_0) B^2$$

式（6-29）中，ρ、U 为空气密度及风速；α_0 为风攻角；H、B 为桥梁断面的高度和宽度；F_V、F_H、M_T 为体轴坐标系下的升力、阻力和升力矩；C_V、C_H、C_T 为体轴坐标系下的升力系数、阻力系数和升力矩系数。

基于准定常理论，Davenport 抖振分析理论框架中将脉动风作用下桥梁结构所受的抖振力表示为：

$$L_b(t) = \frac{1}{2}\rho U^2 B \left[2C_L(\alpha_0)\frac{u(t)}{U} + \left[(C_L'(\alpha_0) + C_D(\alpha_0)) \right] \frac{w(t)}{U} \right]$$

$$D_b(t) = \frac{1}{2}\rho U^2 B \left[2C_D(\alpha_0)\frac{u(t)}{U} + (C_D'(\alpha_0) - C_L(\alpha_0)) \frac{w(t)}{U} \right] \quad (6\text{-}30)$$

$$M_b(t) = \frac{1}{2}\rho U^2 B^2 \left[2C_M(\alpha_0)\frac{u(t)}{U} + C_M'(\alpha_0) \frac{w(t)}{U} \right]$$

式（6-30）中，C_D、C_L、C_M 为阻力系数、升力系数和升力矩系数；C_D'、C_L'、C_M' 为阻力系数、升力系数和升力矩系数对攻角 α_0 的导数，这些气动系数均可通过风洞试验或数值模拟获得；$u(t)$ 和 $w(t)$ 为水平向及竖向脉动分量。

气动导数的桥梁断面自激升力 L 和自激升力矩 M 表达式为：

$$L = \frac{1}{2}\rho U^2 (2B) \left[KH_1^* \frac{h}{U} + KH_2^* \frac{B\alpha}{U} + K^2 H_3^* \alpha + K^2 H_4^* \frac{h}{B} \right]$$

$$M = \frac{1}{2}\rho U^2 (2B^2) \left[KA_1^* \frac{h}{U} + KA_2^* \frac{B\alpha}{U} + K^2 A_3^* \alpha + K^2 A_4^* \frac{h}{B} \right] \quad (6\text{-}31)$$

式（6-31）中，h 和 α 为竖向和扭转运动位移；$K = \omega B/U$，为无量纲折算圆频率；A_i^* 和 H_i^*（$i = 1, 2, \cdots, 6$）为无量纲颤振导数。

3. 台风作用下高铁连续梁桥施工期分级响应预警控制

根据现场实测的台风数据，运用风速预测方法，预测出施工期桥面位置未来 30min 阵风平均风速最大值，并根据阵风风速预测结果及桥梁抖振分析结果对现场施工进行分级预警及管控。

（1）当预测未来半小时阵风平均风速最大值 $\overline{U}_{max}$ 大于 13m/s（相当于 6 级风速）时，进入Ⅲ级响应，停止现场吊装作业。

（2）当预测未来半小时阵风平均风速最大值 $\overline{U}_{max}$ 大于 20m/s（相当于 8 级风速）时，进入Ⅱ级响应，现场施工人员全部撤离。

（3）当预测未来半小时阵风平均风速最大值 $\overline{U}_{max}$ 大于Ⅰ级响应阈值，进入Ⅰ级响应，对结构采取临时加固措施，确保结构抗风安全。在背景工程案例中，经计算桥面位置Ⅰ级风速响应阈值为 52m/s，施工期间可对桥墩采用抗风索等临时加固措施。

（4）分级预警及管控示意图如图 6-15 所示。

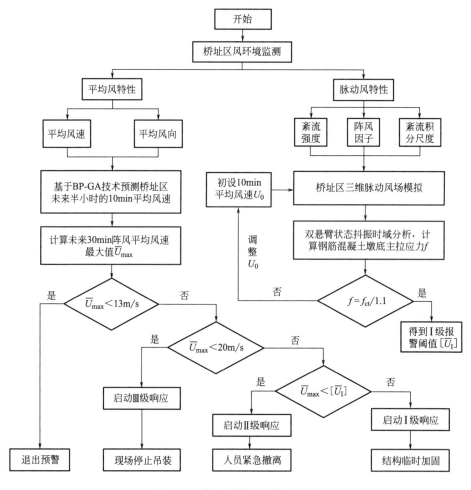

图 6-15 分级预警及管控示意图

第四节 本章小结

本章以东南沿海某大跨高铁连续梁桥为背景，对刻画桥址区风环境的常用风特性参数如脉动风紊流强度、阵风因子、紊流积分尺度、功率谱密度等进行介绍。同时，基于BP-GA综合算法对大跨度高铁连续梁桥施工期阵风风速进行预测，并根据预测结果对现场施工进行了分级预警及管控。本章所得主要结论如下：

（1）通过对台风期间的实测数据进行分析研究发现，紊流强度实测值与规范存在差异，台风顺风向紊流强度较规范偏低，纵桥向阵风因子平均值大于横桥向平均值；

（2）基于 BP-GA 综合算法对大跨度桥梁施工期阵风风速进行 5 步预测，预测结果表明预测曲线接近实际曲线，符合预测精度要求，一步预测效果最好；

（3）根据施工期桥址区现场实测风数据，运用基于 BP-GA 的阵风风速预测方法，预测未来 30min 的风速变化趋势，并据此实现了分级预警及管控。

本章所介绍的高铁连续梁桥长悬臂施工抗风监测、预警与管控技术，仅以东南沿海某大跨度高铁连续梁桥为示例。事实上，高铁连续梁桥长悬臂施工抗风监测、预警与管控的案例不胜枚举，读者可在今后的学习生活中，广泛开展文献阅读，继续加深了解。

第七章 高铁连续梁桥施工
信息化管理平台

以桥梁工程、隧道工程、建筑工程为代表的基础设施建设，具有建设周期长、施工质量要求高、现场管理复杂等特点，给施工全过程管理带来挑战。随着计算机技术的发展与通信基础设施网络完善，信息技术提升项目管理质量和效率成为可能。大型基础设施施工管理涉及施工方案、进度管控、监测数据等多维信息，亦关系业主、施工、监理等多方人员安全。为高效解决信息管理和传递，方便人员掌握工程信息与进度，基于信息技术的施工管理平台（施工信息化管理平台）应运而生。

施工信息化管理平台根据管理部门需求，分为施工资料管理平台、施工进度管理平台、施工物料管理平台、施工监理平台。近年来，对施工信息化管理平台开发不断取得多方面进展。在信息数据融合方面，研究人员基于 BIM 技术开展了施工信息化管理平台应用研究，解决施工阶段因平台差异、数据格式差异造成信息孤岛的问题。在系统多模块开发方面，结合物料编码、物料动态跟踪、风险预警，可采用 BIM 技术构建大型桥梁施工物料管理系统。基于 BIM 技术的连续梁桥施工管理系统实现了模型轻量化展示、碰撞检查、动态施工模拟、可视化交底。在平台集成方面，基于 BIM 的铁路工程项目管理系统可以利用物联网和移动互联网实现物料管理、施工进度及安全管理、各方沟通交流。然而，当前平台研究和应用存在以下两方面不足：①项目可视化程度和大体量工程支持不足。②可复制性和功能拓展性不足。因此，有必要对现有的施工信息化管理平台在可复制性与功能拓展性方面进行提升，并形成合理的系统架构。

本章基于高铁连续梁桥施工的实际需求，结合项目管理人员的施工质量监控，首先拟定高铁连续梁桥施工信息化管理平台框架，然后依据高铁连续梁桥特点综合选择软件架构和应用平台，并以多座大跨高铁连续梁桥工程为依托，开展施工信息化管理平台应用与实践。

第一节 施工信息化管理平台框架简介

施工信息化管理平台包括五个基本层：项目可视化层、信息采集监测层、信息网络传输层、信息分析处理层、信息决策反馈层，如图 7-1 所示。项目可视化层是施工信息化管理平台的基础，是高铁连续梁桥施工的虚拟场景和模型；信息采集监测层基于可视化模型设计方案，主动感知高铁连续梁桥施工现场的结构响应、安全隐患等；信息网络传输层将信息采集监测层的数据、视频等回传建设指挥中心的云服务器或机房；信息分析处理层将网络传输回来的信息进行实时处理，并将结果提交给信息决策反馈层。依托综合管理系统，可准确地了解桥梁结构状态，及时反馈安全质量问题，寻求专家远程会诊。其中，项目可视化层、信息采集监测层和信息网络传输层构成物联网和数据融合，信息分析处理层为监测数据、视频提供算法和算力，信息决策反馈层是管理运行体系。以下是对每个层级的详细介绍。

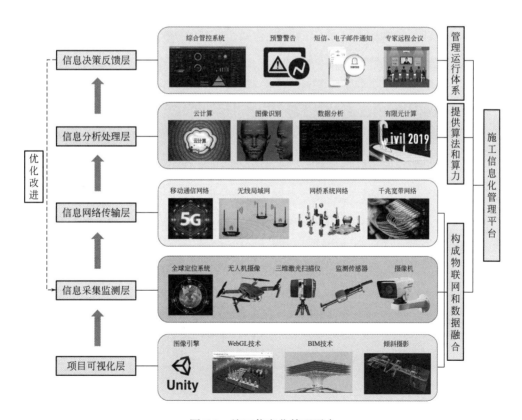

图 7-1 施工信息化管理平台

（1）项目可视化层。主要包含两方面：一是为施工信息化管理提供软件平台，二是为施工桥梁建立相关模型。当前软件平台主要分为 B/S 和 C/S 架构，分别使用图像引擎和 WebGL 技术，这两种架构及技术各有优劣，可根据施工项目合理选择或综合应用。桥梁及施工模型可采用 BIM 技术、倾斜摄影、重建（图 7-1 中未显示），对于连续梁桥、简支梁桥等具有几何一致性的结构采用参数化建模，以参数驱动模型从而快速、高效地完成建模，对于既有建筑物等大体量、低精度的结构采用无人机搭载高清摄像机倾斜摄影拍摄，形成三维模型，对于需要高精度数据支持的结构采用三维激光扫描设备建立模型。

（2）信息采集监测层。根据类型可分为数据类信息和图形、视频类信息。具体表现在连续梁桥施工为梁体应力、线形数据和施工现场人工、监控拍摄的图片视频。随着技术发展及设备成本降低，全球定位系统、无人机摄像、三维激光扫描仪监测传感器、摄像机逐步应用于梁桥施工监控管理中，为信息采集监测提供了全新的手段，例如，可用无人机依据规划航线自动巡检。

（3）信息网络传输层。信息传输离不开网络支持，以 4G/5G 为代表的移动通信网络、无线局域网、千兆宽带网络等信息技术，为施工管理提供信息高速公路，满足各种传感监测设备数据的及时传输。4G/5G 通信技术的发展，满足开阔环境下桥梁施工现场的数据传输要求，然而在部分偏远地区或通信网络覆盖差的地区，移动通信网络服务受限，可以在施工现场搭建无线局域网、网桥系统网络以满足内部数据传输，无线局域网的中心交换机接入互联网从而满足外部数据传输要求。对于施工信息化管理平台主干网络或企业服务器，采用光纤建立高速宽带，满足大数据量的传输要求。

（4）信息分析处理层。算法和算力是信息分析处理的核心，采集的信息被传输至信息分析处理层后，通过图像识别、数据分析、有限元计算、云计算等，快速完成数据分析处理。随着项目重点及需求变化，可及时增加或调整算法，满足各类施工信息化管理需求。传统算力制约了信息分析处理的效率，借助云计算不仅有效提高算力水平和灵活处理各类型算法对算力的要求，而且降低了项目管理计算硬件的费用。

（5）信息决策反馈层。以综合管控系统为基础，展示信息分析处理层的计算结果。若数据异常或超出阈值，以软件弹窗、短信、电子邮件等方式通知管理人员，借助专家远程会议，及时解决施工监控中存在的质量问题和安全隐患。

第二节　施工信息化管理平台开发

1. 平台目标与功能

（1）本书以工程实践需求出发，满足高铁施工项目部对施工安全质量要求，确定的施工信息化管理平台设计目标如下：

① 平台以可视化模型为基础，支持大体量、各类型的三维模型导入，包括高铁桥梁施工现场、高铁桥梁项目指挥部和钢筋加工场等。

② 平台操作与三维模型互动，操作清晰、明了，信息传递高效。

③ 平台具备权限管理，以权限为基础实现信息安全管理与任务指派。

④ 平台满足高铁连续梁桥施工监控要求，监测数据实时回传并可视化展示。

⑤ 平台具备视频图像识别功能，在钢筋加工场、高铁桥梁施工现场的视频监控能够实时识别现场人员的不安全行为。

⑥ 平台具有良好的可拓展性，实现功能优化与迭代，支持新技术、新算法的引入。

（2）根据上述平台设计的目标，将施工信息化管理平台划分为四个子模块，分别为：电子沙盘模块、风环境分级管控模块、智能视频监控模块、UWB 区域管控模块。施工信息化管理平台子模块及其功能如图 7-2 所示。

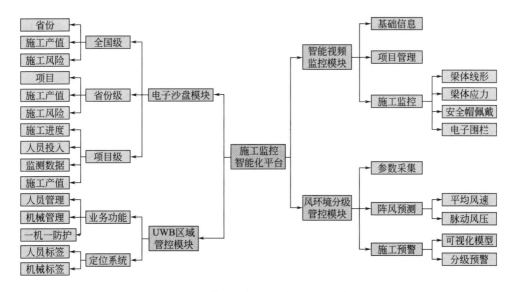

图 7-2　施工信息化管理平台子模块及其功能

① 电子沙盘模块分为全国级、省份级、项目级三个层级，宏观展示施工生产经营情况。A. 全国级电子沙盘下设不同省份，总览施工企业全国施工产值及风险情况。B. 省份级电子沙盘下设不同项目，总览该省份的项目施工产值与施工风险。C. 项目级电子沙盘宏观展示该项目施工产值、人员投入、施工进度、监测数据等信息，以上信息均以每一项目指挥部汇报与数据提交为基础，给领导层和基础管理人员提供宏观施工产值及项目信息。

② 风环境分级管控模块分为参数采集、阵风预测、施工预警三方面模块。A. 参数采集在现场设置风速、温度、应力、位移无线高精度采集仪器，监测结构风速、温度、应力、线形。B. 阵风预测包括平均风速和脉动风压，根据阵风预测方法，预测施工期桥址区未来半小时的风速相关数据。C. 施工预警包括可视化模型和分级预警。监测数据被导入平台后，通过传感器的颜色变化可直观地了解大桥施工状态。现场施工管理人员可根据风速仪、温湿度传感器模型的颜色变化直观、快速地掌握桥址区环境状况，并可点击传感器模型检查监测点详细监测数据，判断是否需要采取相应的维护或避险措施，以避免造成重大损失。

③ 智能视频监控模块分为基础信息、项目管理、施工监控三方面的安全管理模块。A. 基础信息为施工人员及信息安全管理模块，以文件形式固定，具备独立操作的能力。B. 项目管理涉及多种专业施工队在复杂环境中的平行运作，需划分区域、工艺和人员等分别实施管理。在安全工序报验中，制定开口的安全工序报验模块，实现起重机等其他大型吊装作业安全许可功能。C. 施工监控包括监控梁体线形、梁体应力、安全帽佩戴以及电子围栏。在实时监控中，通过RTSP实时流传输协议接入图像识别程序，开展施工人员是否佩戴安全帽与是否进入电子围栏识别。在施工监控的安全隐患排查/质量整改中，通过手机APP实现随手拍，发现现场违规作业，运用"五定"原则进行整改闭环管理，并自动生成整改联系单及罚款单。

④ UWB区域管控模块分为业务功能和定位系统。A. 业务功能包含人员管理、机械管理以及一机一防护。B. 定位系统包含人员标签和机械标签。整体服务可分为：营业线（邻近）计划管理、人员管理、机械管理、一机一防护管理、标签管理五个服务模块，可分别通过图形界面自行配置，也可以对接其他子系统。在综合信息管理系统中设定项目信息、施工计划、人员及机械信息和一机一防护信息等参数。UWB定位系统中接收施工关键要素的实时位置坐标，并将这些数据通过Restful API上传到数据分析。风险传输至风险闭环管理系统和施工可视化管理GIS平台，风险闭环管理系统会把预/报警信息推送给相关责任人进行风险闭环管理，同时进行三维可视化展示。

人工智能与计算机视觉技术的发展为更快速、灵活的风险源识别带来了新的发展机遇。依托于无人机平台，采用航拍和图像识别技术开展远程可视化智能监测，可自动对交通工程施工现场的一些较难到达或人眼无法看到的部位进行拍摄。基于人工智能技术对现场视频展开实时分析监测或准确、客观地发现施工过程中人员及机械的安全隐患，进而实现施工现场风险源智能、快速识别与预警，合理解决突发事件，极大地降低安全事故发生的概率。本章风险源识别模块以图像识别为例，集成图像识别算法以实现施工人员是否佩戴安全帽与是否进入电子围栏的自动识别，从而提高平台智能化水平。

2. 施工信息化管理平台与数据库开发

基于上述功能需要以及平台特点，综合采用 Unity3D 和 Web 技术建设施工信息化管理平台，以 Unity3D 为基础开发电子沙盘模块、混凝土质量管理模块、桥梁施工管理模块，以 Web 技术为基础开发工程质量管理模块。Unity3D 由英国的 Unity Technologies 公司开发，是一个多平台专业游戏开发工具和一个高度整合的综合性游戏引擎，利用三维建模技术创建模型，并导入 Unity3D 中，添加图像、视频、声音、角色、脚本等相关资源，使用者可以构建多功能的虚拟漫游。得益于 Unity3D 强大的模型承载能力和交互灵活性，具备良好的三维模型可视化与人机交互功能，能够承载大体量、多类型的三维模型。许多学者利用 U-nity3D 解决实景校园、矿山工程、铁路工程等实践中可视化及管理的需求。

基于 Unity3D 平台开发的成果属于 C/S 结构，如图 7-3 所示。客户端负责执行前台功能，既要完成用户交互和数据表示，又要处理应用逻辑及与数据库系统的交互，如管理用户接口、数据处理和报告请求等，用户界面与应用逻辑位于同

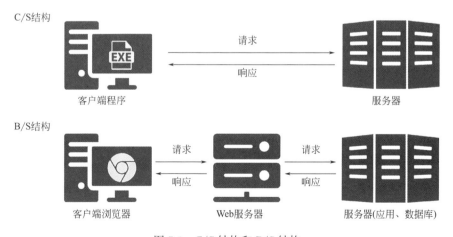

图 7-3　C/S 结构和 B/S 结构

一平台。服务器执行后台服务，如管理共享外设、控制对共享数据库的操作、接收并应答客户端的请求等。三维模型运行计算需要客户端参与，故基于 Unity3D 平台开发的程序客户端需要较高的硬件条件。以 Web 技术兴起而带来的 B/S 结构，也如图 7-3 所示，在 TCP/IP 的支持下，以 HTTP 为传输协议，客户端通过浏览器访问 Web 服务器以及与之相连的后台数据库。它由浏览器、Web 服务器、应用服务器和数据库服务器组成，大部分的数据存储和处理都在服务器端发生，因而对前端的软硬件要求很低。在进行开发时，只需改变服务器端的数据，就可以实现所有用户资料的同步更新。

Web 技术只需要在工程管理人员终端计算机安装浏览器，无须高性能计算机支持，同时方便管理人员在施工现场一线在移动端操作，故智能视频监控模块采用 Web 技术。

面对海量数据传输和存储，Excel 或 txt 文本记录数据无法满足大规模、结构化、多用户的查询、删除、增加、修改的要求，而数据库技术正适用于施工信息化管理平台数据需求。数据库是通常从计算机系统以电子方式存储和访问结构化的数据集合。数据库可被理解为按照数据结构组织、存储和管理数据的仓库。数据库包含各种表及其关系，利用数据库管理系统如 Access、ORACLE、MySQL、SQL Server 等，以 SQL 结构化语句实现数据表的增删、改查，如图 7-4 所示。数据库技术主要研究如何科学高效地组织、存储、获取及处理数据，及时准确地为用户提供各种信息。随着信息技术和市场的发展，数据库已经成为信息系统的核心和基础。

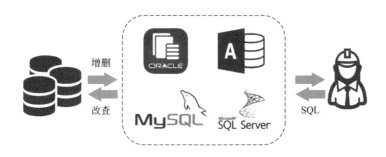

图 7-4　数据库系统

3. 电子沙盘

根据功能规划，施工信息化管理平台电子沙盘可以细分到项目级，如图 7-5 所示。电子沙盘界面分为三个区域，中间区域以简图形式可视化显示项目整体概况，左右两边具体展示项目产值进度、原材料消耗、人员投入、施工监测信息。

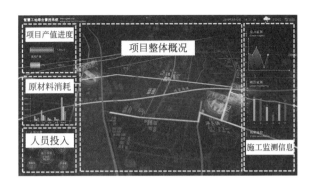

图 7-5 项目级电子沙盘

基于 BIM 三维模型的电子沙盘采用 CS 架构，在全新的三维渲染图像引擎上进行二次开发，整体架构由数据采集层、业务服务层、平台服务层、数据层组成，具备以下优点：

（1）系统可长期、稳定运行；有多模块化架构，便于维护。

（2）不依赖第三方软件，升级改造完全可控。

（3）与各项目管理系统均有接口。

第三节 施工安全管理典型模块简介

1. 三维模型可视化

可视化是高铁连续梁桥施工信息化管理平台的基础，三维模型的建立可根据施工环境和现场条件采用多种方式。在连徐铁路新沂特大桥施工中，三维模型的建立分别采用 BIM 软件建模、倾斜摄影和三维激光点云，通过".fbx"".dae"".3ds"".dxf"".obj"等格式导入施工监控智能化平台，模型建立及导入平台如图 7-6 所示。

BIM 软件建模适用于连续梁桥主体、挂篮等具有完备图纸资料的结构。选用 Revit、Rhino、SketchUp 等软件，充分发挥 BIM 建模参数化特性。本章以第 2 章建立的族库与模型为基础，将模型经".fbx"".dae"".3ds"".dxf"".obj"等格式导入施工监控智能化平台。倾斜摄影适用于大面积、低精度的施工现场环境建模，通过无人机搭载的照相机获取现场环境（通过一条正射和四条旁射的影像），经过软件处理合成三维模型。三维激光点云适用于既有建筑物且需要高精度模型的结构，通过施工现场多点设站扫描既有结构物，经后期处理、拼接、贴图后，完成高精度模型建立。

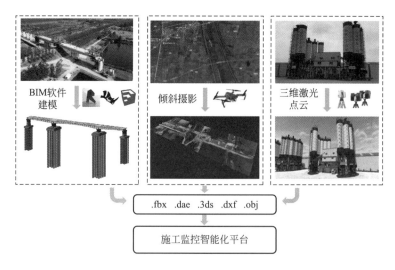

图 7-6　模型建立及导入平台

　　整体而言，BIM 软件建模根据图纸生成的模型精度高，基于参数化建模特性和族库特点使得 BIM 建模实施方式和建模效率较快。倾斜摄影在消费级无人机、航路规划及摄影控制软件快速发展的环境下，实施成本和建模效率具有竞争力；然而，模型精度比较低，目前精度最高达到 20mm。三维激光点云具有极高的精度，可达 2mm，但成本较高，不适宜大规模应用，同时，由于激光扫描需要多站点配合，建模效率也相对较低。

　　不同建模方法各有优劣，建立三维模型时需要综合考虑模型精度、实施成本、建模效率，实际实施时可以采用多种方式，充分发挥各自优势。

　　2. 风环境分级管控

　　为确保高铁桥梁的施工安全，保证桥梁结构的受力合理和线形平顺，研究团队结合 BIM 技术并在现场设置风速、温度、应力、位移无线高精度传感器，实时监测结构风速、温度、应力、线形，并使其可视化。

　　监测数据被导入平台后，进行中值滤波处理并用动态折线图展示数据，通过传感器的颜色变化可直观地了解大桥施工状态。若传感器颜色偏向蓝色，表明该传感器采集到的数据在阈值范围内；若传感器颜色偏向红色，表明该传感器采集到的数据已超出报警阈值，系统将弹出警告窗口。

　　下面以九圩港大桥施工期间风速监控为例，演示平台的运行情况。在高铁连续梁桥悬臂浇筑施工期间，通过设置在挂篮上弦杆的风速传感器实时采集现场的风速数据，然后根据阵风预测方法，预测出施工期桥址区未来半小时的相关风速数据，并根据阵风风速预测结果对现场施工进行分级预警及管控，因背景工程施工期间实测 10min 阵风平均风速最大值未达到Ⅰ级风速响应阈值 52m/s，故本章只展示Ⅱ和Ⅲ级分级管控，Ⅰ级防控原理类似。

当预测未来半小时内 10min 阵风平均风速最大值 $\overline{U}_{\max}$ 大于 13m/s（相当于 6 级风速）时，进入Ⅲ级响应，停止现场吊装作业。系统中风速仪的颜色显示为橙色，报警信息将通过平台和短信推送，同时，现场设置声光报警器，提醒现场的施工人员停止现场吊装作业。Ⅲ级报警界面如图 7-7 所示（由于本书是黑白印刷，未能显示颜色，实际界面有颜色区分）。

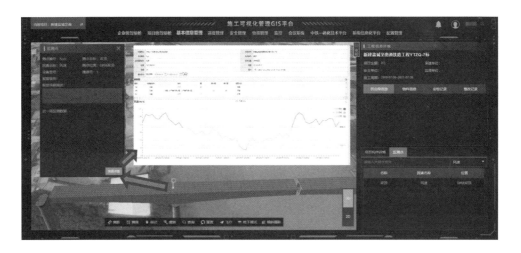

图 7-7　Ⅲ级报警界面

当预测未来半小时内 10min 阵风平均风速最大值 $\overline{U}_{\max}$ 大于 20m/s（相当于 8 级风速）时，进入Ⅱ级响应，现场施工人员全部撤离。系统中风速仪的颜色显示为红色，报警信息将通过平台和短信推送，同时，现场设置声光报警器，提醒现场的施工人员立即全部撤离。Ⅱ级报警展示界面如图 7-8 所示。

基于本章的监测信息可视化及自动报警程序，现场施工管理人员可根据风速仪、温湿度等传感器模型的颜色变化直观、快速地掌握桥址区环境状况，并可点击传感器模型检查监测点监测数据，判断是否需要采取相应的维护或避险措施。

3. 智能视频监控

由于人员、机械以及管理等各方面的不确定性，施工现场难免隐藏诸多风险。多年来，施工现场安全事故层出不穷，对施工进度与企业形象造成了严重的影响。因此，如何有效应对施工中众多的危险因素，合理有效地辨识风险源，实现精准快速的危险预警与风险源控制是施工的重中之重。

随着视频监控设备使用成本不断降低，摄像机被广泛应用在桥梁施工。视频

图 7-8　Ⅱ级报警界面

可详细记录施工现场画面，方便工程技术人员远程实时了解施工进度和状况，及时发现施工中存在的问题。然而，监控摄像机部署数量多，记录时间长，少量安全管理人员无法实时查看每个施工作业的画面，使得监控视频无法发挥事前预警功效。

近年来，以深度学习为代表的人工智能算法得到了飞速发展。深度学习的典型应用——图像识别被广泛应用于人脸识别、车牌识别等。图像识别是利用计算机处理分析设备采集到的图像，对目标进行辨识、分类的技术。随着图像识别算法成熟及在土木工程领域应用的不断拓展，在钢桥节点板螺栓脱落识别、深基坑监测点位移转角测量、施工人员是否佩戴安全帽监测等领域均获得了良好的识别精度。因此，基于图像识别技术，依托在桥梁施工现场布设的摄像机，开展施工人员是否佩戴安全帽、是否进入电子围栏识别等方面的研究，以实时监测现场施工人员是否佩戴安全帽及是否有进入电子围栏的事件发生。

本章以 Python 语言为基础，基于 OpenCV 和 GluonCV 等计算机视觉库，开发了一套能够在线识别重大风险源的系统平台，软件满足对具有代表性的重大风险源进行识别并预警。重大风险源的识别围绕施工现场人员是否佩戴安全帽、是否有进入电子围栏事件等开发，通过在线识别软件对现场重大风险源进行实时识别报警，风险源识别系统平台框架如图 7-9 所示。

以施工人员佩戴安全帽识别为例，具体识别过程如下，视频数据源既可是保存的旧有视频，亦可是由无人机、摄像机回传的实时视频。视频文件经过 cv2.VideoCapture 函数导入 OpenCV 处理并抽帧为图片，实时视频借助 RTSP

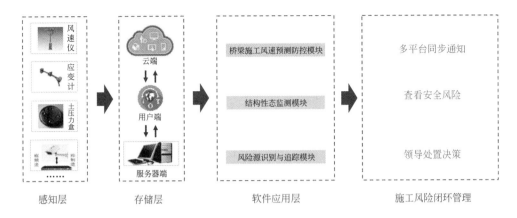

感知层　　　　　存储层　　　　　　软件应用层　　　　　　施工风险闭环管理

图 7-9　风险源识别系统平台框架

实时流传输协议导入。以某摄像机为例，cv2. VideoCapture（rtsp：//［用户名］：［密码］@［摄像机 IP］：［端口号］/［视频编码模式］/［通道号］/［码流类型］/av_stream）。视频处理抽帧为图片后，基于 YOLO v3 图像识别算法进行施工人员是否佩戴安全帽识别，并标注已佩戴安全帽和未佩戴安全帽的施工人员。

在新沂特大桥施工中，在钢筋加工场和跨沂河西大堤的施工现场分别布设了监控视频摄像机，施工监控画面如图 7-10 所示。通过 RTSP 实时流传输协议接入图像识别程序，对施工人员是否佩戴安全帽与是否进入电子围栏识别。

(a) 桥梁现场　　　　　　　　　　　　　　　(b) 钢筋加工场

图 7-10　施工监控画面

（1）施工人员是否佩戴安全帽

施工人员是否佩戴安全帽识别结果如图 7-11 和图 7-12 所示。从图中可以看出：在钢筋加工场，显示了施工人员佩戴安全帽的正确识别结果，也显示了施工人员未佩戴安全帽的正确识别结果，然而，也出现了对佩戴安全帽的施工人员显示"检测失败"的问题，这是由于，一方面，桥梁施工现场安装的摄像机性能优于钢筋加工场安装的摄像头，图像清晰度高，识别效果好；另一方面，桥梁施工现场摄像机安装位置距离施工作业面近，而钢筋加工场因条件有限，使摄像机安装位置远离作业面。因此，桥梁施工现场施工人员是否佩戴安全帽识别效果更好。为了获得良好的图像识别效果和正确率，在提升图像识别算法的同时，应考虑摄像机性能和安装位置是否合适。

图 7-11　桥梁施工现场施工人员是否佩戴安全帽识别结果

图 7-12　钢筋加工场施工人员是否佩戴安全帽识别结果

（2）进入电子围栏

图 7-13 为施工人员进入电子围栏报警。对于具有危险性的施工环境，在监控范围内选取相应区域，设定为电子围栏区域。一旦出现施工人员未经授权进入该区域或超时滞留，系统发出警报，提醒管理人员关注施工人员安全，以防出现意外。

图 7-13 施工人员进入电子围栏报警

4. UWB 区域管控

开发主要使用 IDEA 和 VSCode。IDEA 全称 IntelliJ IDEA，是 Java 编程语言开发的集成环境。IntelliJ 在业界被公认为最好的 Java 开发工具，尤其在智能代码助手、代码自动提示、重构、JavaEE 支持、各类版本工具（Git、SVN 等）、JUnit、CVS 整合、代码分析、创新的 GUI 设计等方面的功能是超常的。

VSCode 是一种简化且高效的代码编辑器，同时支持诸如调试、任务执行和版本管理之类的开发操作。它的目标是提供一种快速的编码编译调试工具，然后将其余部分留给 IDE。VSCode 集成了所有现代编辑器所应该具备的特性，如语法高亮、可定制的热键绑定、括号匹配以及代码片段收集等。

（1）开发流程

使用 PostgresSQL 数据库搭建数据层，以 JAVA 语言编写整体数据分析软件，整体基于 SptingBoot 框架开发完整的后台服务，服务层可分为：项目计划管理、人员管理、设备管理、项目管理、标签管理五个服务模块，可分别通过图形界面自行配置，也可以对接其他子系统直接获取其他项目数据，系统架构图如图 7-14 所示。

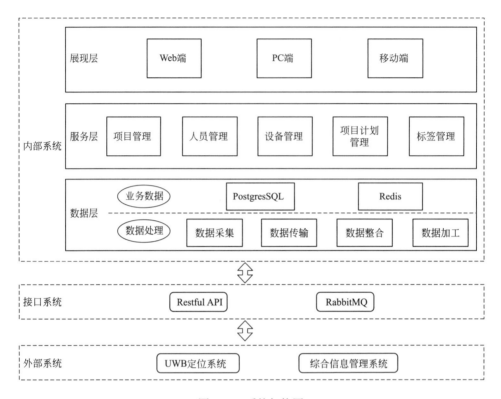

图 7-14　系统架构图

软件的整体服务是先在综合信息管理系统中设定项目信息、施工计划、人员及设备信息和一机一防护信息等参数。UWB 定位系统中接收施工关键要素的实时位置坐标，并将这些数据通过 Restful API 上传到数据分析。软件通过分析数据和数据整合得到施工关键要素的实时位置，并根据距离算法判断是否需要触发分级预/报警。若需要触发，则将预/报警信息记录下来并与定位坐标一起通过 RabbitMQ 传输至风险闭环管理系统和 GIS 平台，风险闭环管理系统会把预/报警信息推送给相关责任人进行风险闭环管理，同时 GIS 平台会实时显示施工关键要素的位置，并通过标记颜色的变化来表示触发分级预/报警，具体见图 7-15。

（2）展示端

GIS 平台建立具有电子围栏的三维可视化模型，见图 7-16。

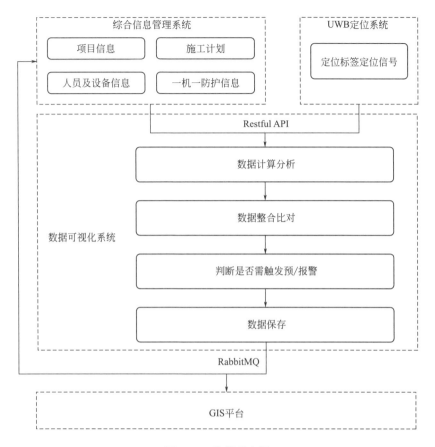

图 7-15　数据融合图

图 7-16　GIS 平台建立具有电子围栏的三维可视化模型

当施工人员或者机械进入施工管控区域内或者附近时，GIS平台可以对人员以及机械的位置进行实时展示，如触发分级预/报警时，其标识的颜色会发生变化。

当无营业线（邻近）施工计划时，非白名单人员不得进入邻近营业线施工区域。在人员或机械进入邻近铁路营业线施工区域时，其标识的颜色会变化，无营业线（相邻）施工计划预/报警展示如图7-17所示。

图 7-17　无营业线（相邻）施工计划预/报警界面展示

当施工计划为邻近营业线施工计划时，非白名单人员不得进入营业线施工区域，可以进入相邻施工区域。在人员或机械进入铁路营业线施工区域时，其标识的颜色会变化，邻近营业线施工预/报警展示如图7-18所示。

图 7-18　邻近营业线施工预/报警展示

当一机一防护中的机械与其对应防护人员过远或过近时都会引起预警，并且根据距离远近用不同的颜色分级预警。一机一防护预警展示如图 7-19 所示。

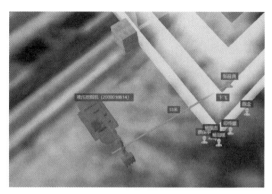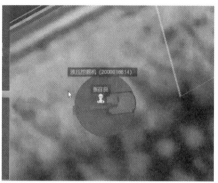

图 7-19　一机一防护预警展示

第四节　本章小结

本章以多座高铁连续梁桥施工项目为背景，根据当前施工管理平台的应用现状，设计了施工信息化管理平台框架。通过平台开发实现了高铁连续梁桥各环节的施工智能化管理，并运用图像识别算法开展了风险源识别，具体结论如下：

（1）采用 Unity 平台和 Web 技术，开发了施工监控智能化平台，实现了电子沙盘、风环境分级管控、智能视频监控及 UWB 区域管控等功能。

（2）施工信息化管理平台在高铁连续梁桥施工的实施及应用表明，电子沙盘直观展示了项目概况及生产情况，桥梁三维模型与施工工艺、进度管理、施工监测有效结合，工程质量通过任务指派功能实现了施工安全质量控制的工作闭环。

（3）借助 OpenCV 和 YOLO v3 算法实现了施工现场风险源识别功能，采用 RTSP 实时流传输协议导入图像识别模块实现施工人员是否佩戴安全帽与是否进入电子围栏识别，实践结果表明，该方法可以实时识别施工人员的安全帽佩戴与进入危险区域情况。

参考文献

[1] 卢春房. 中国高速铁路的技术特点 [J]. 科技导报，2015，33（18）：13-19.

[2] 孙树礼. 高速铁路桥梁设计与实践 [M]. 北京：中国铁道出版社，2011.

[3] 郑健. 中国高速铁路桥梁建设关键技术 [J]. 中国工程科学，2008，10（7）：24-26.

[4] 范立础. 预应力混凝土连续梁桥 [M]. 北京：人民交通出版社，1988.

[5] 周绪红，刘界鹏，冯亮，等. 建筑智能建造技术初探及其应用 [M]. 北京：中国建筑工业出版社，2021.

[6] 张建平，王洪钧. 建筑施工 4D++模型与 4D 项目管理系统的研究 [J]. 土木工程学报，2003（3）：70-78.

[7] 张喜刚，刘高，马军海，等. 中国桥梁技术的现状与展望 [J]. 科学通报，2016，61（Z1）：415-425.

[8] 刘美兰. Midas Civil 在桥梁结构分析中的应用 [M]. 人民交通出版社，2012.

[9] Zhang S，Teizer J，Lee J K，et al. Building information modeling（BIM）and safety：Automatic safety checking of construction models and schedules [J]. Automation in Construction，2013，29：183-195.

[10] 项贻强，竺盛，赵阳. 快速施工桥梁的研究进展 [J]. 中国公路学报，2018，31（12）：1-27.

[11] Sherafat B.，Ahn C. R.，Akhavian R.，et al. Automated methods for activity recognition of construction workers and equipment：state-of-the-art review [J]. Journal of Construction Engineering and Management，2020，146（6）：03120002.

[12] I. Brilakis，M. W. Park，G. Jog. Automated vision tracking of project related entities [J]. Advanced Engineering Informatics，2011，25（4）：713 – 724.

[13] Jung M.，Chi S. Human activity classification based on sound recognition and residual convolutional neural network [J]. Automation in Construction，2020，114：103177.

[14] 郑健. 中国高速铁路桥梁建设关键技术 [J]. 中国工程科学，2008，10（7）：24-26.

[15] 葛耀君. 大跨度悬索桥抗风 [M]. 北京：人民交通出版社，2011.

[16] 陈政清. 桥梁风工程 [M]. 北京：人民交通出版社，2005.

[17] Wang H，Li A，Niu J，et al. Long-term monitoring of wind characteristics at Sutong Bridge site [J]. Journal of Wind Engineering and Industrial Aerodynamics，2013，115：39-47.

[18] 王浩，李爱群. ANSYS 大跨度桥梁高等有限元分析与工程实例 [M]. 北京：中国建筑工业出版社，2014.